EL ARTE DE
LA VIDA
EXCEPCIONAL

LIBROS DE SOUND WISDOM BOOKS POR JIM ROHN

El poder de la ambición

EL ARTE DE
LA VIDA
EXCEPCIONAL

TU GUÍA PARA OBTENER RIQUEZA, DISFRUTAR FELICIDAD Y OBTENER PROGRESO DIARIO IMPARABLE

JIM ROHN

Publicado y Distribuido por:
SOUND WISDOM
PO Box 310
Shippensburg, PA 17257-0310
717-530-2122
info@soundwisdom.com
www.soundwisdom.com

ISBN: 978-1-64095-353-6
ISBN 13 eBook: 978-1-64095-354-3

For Worldwide Distribution, Printed in the U.S.A.

1 2 3 4 5 6 7 8 / 26 25 24 23 22

CONTENIDO

PRÓLOGO

A la Corporación Nightingale-Conant le complace ofrecerles El arte de la vida excepcional por Jim Rohn. En esta mezcla de grabaciones, algunas hechas en vivo y otras en un estudio, leerás la exitosa filosofía comprobada de Jim para adquirir riqueza y disfrutar de la felicidad que ha cambiado, para bien, las vidas de cientos de miles de personas.

Por más de treinta años, Jim se enfocó en los fundamentos del comportamiento humano que conducían al desempeño excepcional personal y empresarial. Se ganó una reputación inigualable como conferencista dinámico, memorable e impulsador. El poder detrás de su mensaje no se encuentra solo en lo que aprendes al leer, sino en lo que sientes. Por esa razón, presenta de manera única cómo perfeccionar *El arte de la vida excepcional*.

El mensaje de Jim es sencillo, directo e inspirador. De hecho, el fallecido Earl Nightingale se refería a él como el líder más poderoso y orientado hacia los resultados de nuestro tiempo. Jim recibió el distinguido Premio CPAE por su excelencia y profesionalismo en hablar. Condujo seminarios de desarrollo personal por todo el mundo, desde los Estados Unidos hasta Australia. Y ahora tú también te puedes beneficiar de la sabiduría que Jim acumuló y refinó gracias a sus muchos años de estudio y observación.

A través de este libro, Jim te guía a la verdadera fuente de ambición admirable, la que ya reside dentro de ti. Su enfoque inspirador te ayudará a desarrollar tu motivación e impulso interiores. Descubrirás perspectivas y estrategias que te llevarán a los más altos niveles de logro al aprender cómo aprovechar el poder de tu propia ambición personal y llegar a ser la persona que estás destinada a ser: una que vive una vida excepcional.

INTRODUCCIÓN

LLEGAR A SER

*El mayor valor en la vida no es lo que obtienes—
el mayor valor en la vida es lo que llegas a ser.*

Una lección aprendida en el camino para llegar a ser: Si trabajas duro en tu empleo, te ganarás la vida. En cambio, si trabajas más en ti mismo que en tu empleo, ganarás una fortuna.

COMIENZA CON...

En tu camino a llegar a ser la mejor versión de ti, comienza con un recorrido a pie alrededor de la manzana para despejar tu mente. A continuación, comienza con el proceso de refinar tu filosofía, lo cual comienza con explorar tu propia mente fabulosa para encontrar todas las respuestas que necesitas para llevar una vida excepcional.

Solo te puedo dar unas cuantas respuestas de mi propia experiencia. El resto de las respuestas están dentro de los confines de tu propia mente...pero se requiere de buenos libros, videos, seminarios, conversaciones personales, sermones, la letra de cantos, diálogos de películas y una miríada de otros recursos donde puedes permitir que tu corazón sea conmovido por palabras.

Por ejemplo, la pregunta más importante que hacer en el empleo no es: "¿Qué estoy consiguiendo aquí?" Esa no es la pregunta más vital. La pregunta clave que hacerte es: "¿Qué estoy llegando a ser aquí?" No es lo que obtienes lo que te hace valioso... es lo que llegas a ser lo que añade valor y sustancia a tu vida.

¡Prepárate a cambiar tu vida de manera positiva!

1

INICIA TU MEJOR
VIDA HOY

Encontrarás una gran cantidad de ideas mientras lees este libro. Ideas que han ayudado a personas exitosas lograr más de sus metas, adquirir cierta riqueza, y experimentar mayor gozo y satisfacción en sus vidas.

Mi esperanza es que encuentres que algunas de estas ideas son muy útiles para ti en este momento. Lamentablemente, no te conozco personalmente, no tengo conocimiento de tus sueños ni de tus problemas. Pero afortunadamente para ti, no necesito, porque las ideas que leerás son fundamentales para el arte de ganar. Cada una te ayudará a lograr tus sueños más inspiradores ...garantizado.

Entre más leas, más claramente verás por tu propia cuenta cómo estas ideas pueden comenzar a marcar una diferencia mayor en tu vida inmediatamente. ¿De dónde vinieron estos fundamentos? No me los inventé. Están probados, son verdaderos y te funcionarán.

CAMBIO DE DIRECCIÓN

Descubrí estas ideas por primera vez cuando contaba con 25 años, en un momento en mi vida cuando necesitaba algunas ideas nuevas para ayudar a cambiar la dirección de mi vida. No era indigente en ese momento, pero sin duda necesitaba ayuda. Me imagino que todos pueden aprovechar un poco de ayuda a la edad de 25.

Permíteme tomar un momento para contarte cómo sucedió. Mi vida tuvo un excelente inicio. Crecí en una zona agrícola de Idaho, en una pequeña comunidad de unos 5.000 habitantes, no lejos del río Snake, en la esquina suroeste del estado. Era un lugar maravilloso para crecer.

Después de graduar de la preparatoria, fui a la universidad por un año, y luego decidí que yo no era lo suficientemente inteligente así que no continué, lo que fue uno de mis errores principales, entre muchos errores importantes que cometí esos primeros tempranos. Pero era ambicioso y estaba dispuesto a trabajar duro y decidí que no tendría problemas para conseguir un trabajo, lo cual resultó ser cierto. Así que con una cabeza llena de sueños y ambiciones, conseguí mi primer empleo.

Unos tres años después me casé, hice muchas promesas, trabajé duro, y un par de años después, empecé una familia. Y a la edad de 25, comencé a darle un vistazo nuevo a mi vida. Mi salario semanal venía siendo el gran total de $57 USD. Estaba muy atrasado en mis promesas, atrasado en mis cuentas a pagar, y estaba desanimado. Estaba lejos de lograr el progreso que yo pensaba que debía haber hecho.

Estaba dispuesto a trabajar duro. Ese no era mi problema, pero estaba claro que iba a requerir más que trabajo duro. Yo no quería terminar a la edad de 60 años en la quiebra y necesitando asistencia social, como muchas personas que veía en mi derredor. No, no en el país más rico en el mundo. Así que, ¿qué podía hacer para cambiar la dirección en mi vida?

Pensé, *Pues bien, debo regresar a la escuela.* Un año de universidad no se ve bien en una solicitud de trabajo. Pero ahora que había comenzado a formar una familia, regresar a la escuela parecía ser una decisión difícil.

No tenía dinero para iniciar mi propio negocio. El dinero era uno de mis problemas. Siempre me sobraba demasiado mes después de que se me acabara el dinero. ¿Quizá te has encontrado en esa situación? Recuerdo que en una ocasión perdí $10, y me enfermé físicamente por dos días debido a la pérdida de un billete de $10.

Algunos de mis amigos trataron de alegrarme, diciendo: "Pues mira, quizá una persona pobre que necesitaba ese dinero se lo encontró". Pero eso no me estaba ayudando. Tengo que admitir que en ese momento en la vida, la benevolencia todavía no me había cautivado. Yo era la persona que necesitaba encontrar $10; no perderlos.

Así que allí es donde me encontraba a la edad de 25, atrasado en mis sueños y constantemente preguntándome qué podía hacer para cambiar mi vida para mejor.

BUENA FORTUNA

Luego, ¡me llegó la buena fortuna! Muchas veces es difícil explicar la buena fortuna. ¿Por qué te ocurren cosas singulares cuando así sucede? No lo sé. Parte de eso es un misterio para mí. Sin embargo, esto sí sé: mi buena fortuna fue llegar a conocer a un hombre. Un hombre muy singular y exitoso. Su nombre era el Sr. Earl Shoaff. Al conocerlo por primera vez, me dije a mí mismo: *Yo daría cualquier cosa para ser como él. Me pregunto qué se requeriría.*

Pues bien, para contar brevemente una larga historia, le caí bien a este caballero muy especial. Y unos pocos meses después de conocerlo, él me contrató y comencé a trabajar para él. Pasé los próximos cinco años trabajando para él en varios de sus negocios. Luego, lamentablemente él murió, pero yo había pasado cinco años con este hombre extraordinario. Y lo mejor que él me dio durante esos cinco años no fu un empleo. Lo mejor que me dio fue el beneficio de su filosofía, los fundamentos de vivir exitosamente, cómo ser rico, cómo ser feliz. Y sin duda alguna, sus ideas me funcionaron.

Siempre estaré agradecido por haber conocido a alguien que hizo una diferencia en cuanto a cómo resultó mi vida. Estoy seguro de que si el Sr. Shoaff todavía viviera, yo lo hubiera buscado una vez más ahora y le hubiera dado las gracias por compartir las ideas y la inspiración que cambiaron mi vida.

Por muchos años, compartí esta filosofía para la riqueza y la felicidad con mis socios de negocio, y el resultado fue resultados igualmente emocionantes. Yo, antes que nada, soy un hombre de negocios, no un conferencista profesional, pero me ha intrigado el desafío de poner en palabras las ideas que pueden hacer una diferencia en cuanto a cómo resulta la vida de una persona. Y ahora tengo la oportunidad de compartir estas ideas contigo.

IDEAS MAS INSPIRACIÓN

Existen muchas ideas diversas, incluyendo ideas empresariales, ideas sociales e ideas personales. Todos necesitamos ideas tales como:

- Ideas para tener un buen día
- Ideas para tener un buen año

- Ideas de cómo tener el mejor año que jamás hayas tenido.

- Ideas para la buena salud

- Ideas para las relaciones personales

- Ideas de cómo tratar con tu familia

- Ideas para la administración de ventas

- Ideas para la libertad financiera para el futuro

- ¡Y muchas más!

Todos necesitamos provocar nuestras mentes para pensar en buenas ideas. En este libro comparto contigo tantas buenas ideas como sea posible, porque las ideas pueden cambiar nuestras vidas. Todo lo que necesitas es una sola, que probablemente se convierta en una serie de buenas ideas.

Por ejemplo, dar con una buena idea es como marcar los números en una cerradura de combinación. Marcas cinco o seis números en la cerradura. La cerradura sigue sin abrirse, pero no necesitas cinco o seis números más. Posiblemente solo necesites un número más ... y posiblemente la lectura de este libro lo haga. Posiblemente un sermón lo haga. La letra de un canto lo podría hacer. El diálogo de una película lo podría hacer. La conversación con un amigo o mentor posiblemente lo haga. Esa última pieza que necesites, ese último número, márcalo en la cerradura. ¡Ese es! La cerradura se abre y allí está el tesoro para ti. La puerta está abierta para que entres.

Posiblemente este libro contenga la idea, incluso muchas ideas, que abrirán las puertas y las ventanas que te permitirán avanzar para muchos años de vida excepcional. Hoy puede ser el inicio de toda una nueva dirección en la vida. Una idea más... una inspiración más.

MISTERIOS

¿Quién conoce el misterio de la inspiración? ¿Quién sabe por qué algunas personas se inspiran y otros no? Te sentiste inspirado a leer este libro. Otros no lo fueron. Quién sabe cómo comprender el misterio de esto. Yo no. Pero lo que sí sé es que pasaste de la inspiración a la acción.

Algunas personas no aceptan ideas inspiradas; dicen que cuestan demasiado o que tomarán demasiado tiempo. Algunas personas creen que están demasiado ocupadas. Hay muchos pretextos diferentes. ¿Por qué es que algunos aprovechan una oportunidad y otros la dejan pasar? Nadie comprende ese misterio. Yo lo llamo misterios de la mente. Y así lo dejo. Algunas cosas no trato de entender. Yo opto por un enfoque sencillo. Algunas personas sí siguen adelante con una idea inspiradora, y otros no. Hasta allí es la profundidad de mi filosofía en cuanto a ese tema. Algunas personas compran y otros no compran. Algunos avanzan y otros no. Algunos cambian y otros no.

Y si has estado en la escena por algún tiempo y estás en el negocio de las ventas particularmente, posiblemente hayas descubierto los números. Puede que sepas que si llegas con 10 personas, tres compran y siete no. Sea cual sea el negocio al que te dediques, probablemente tengas la proporción calculada. Aun así, posiblemente todavía te preguntes: ¿Por qué es que algunos compran y otros no? Después de todo, ¡es un excelente producto! Pues bien, la respuesta corta es: nadie de verdad sabe. Simplemente lo dejo como un misterio. Yo antes trataba de comprender todo esto, pero ahora sé que va más allá del razonamiento en ocasiones.

REACCIONES VARIADAS

Existe una historia interesante acerca de los inicios de la Iglesia Cristiana. Ahora, no soy gran conocedor de la Biblia, pero lo mejor que puedo recordar es que el día que la iglesia cristiana comenzó, se predicó un magnífico sermón (ver Hechos 2). Era una excelente presentación y buena comunicación en todo aspecto: de hecho, fue una de las presentaciones clásicas de todos los tiempos. Este fue el sermón que puso el fundamento de la iglesia cristiana que se presentó a una multitud de personas.

Aunque fue un mensaje fenomenal que se comunicó de la mejor manera posible, lo que encuentro más interesante es que hubo una variedad de reacciones por parte de quienes lo escucharon. ¿No es eso fascinante? Algunas personas que escucharon el sermón quedaron perplejas. Otros lo encontraron interesante. Otros se asombraron. Otros se comprometieron totalmente con las ideas.

Al leer la historia en la Biblia, me pareció bastante claro. Pensé: *¿Por qué se quedarían algunos perplejos después de escuchar una presentación tan buena, sincera y clara?* La mejor respuesta que tengo; están perplejos. ¿Cuál otra explicación hay?

Algunos que escucharon el sermón se burlaron y se rieron de las palabras que se hablaron. Me pregunté: *Si alguien da una presentación sincera y honesta, ¿por qué se burlaría y reiría alguien?* Una fácil explicación: son burladores y reidores. ¿Qué más esperarías que hicieran?

HAY CIERTAS COSAS EN LA VIDA QUE SIMPLEMENTE NO PODEMOS ARREGLAR.

Yo antes trataba de arreglar todo eso al decir: "Pues, no debieran hacer eso". Ya no lo hago. Tengo paz mental ahora. Puedo dormir como bebé. Hay cosas en la vida que simplemente no podemos resolver. Yo antes decía: "Pues, los mentirosos no deberían de mentir". Claro que se supone que van a mentir... es por eso que los llamamos mentirosos. Así que ya no resuelvo estas cosas. Puede que esto te suene muy elemental, pero para muchos, esta realidad de sentido común es lo que necesitan conocer y creer. Establece el tono para darse cuenta de que no todo en la vida se puede controlar.

De todas maneras, después de escuchar esta magnífica presentación, alrededor de 3.000 personas se convirtieron en creyentes... cristianos. Y creo que eso es lo más cerca a lo que podemos llegar para comprender el misterio: algunos creen, otros se burlan, otros se ríen, otros se quedan perplejos, y otros no saben qué está pasando. Simplemente lo tenemos que dejar así. ¿Por qué? Porqué así es como va a ser. Cada persona tiene una voluntad propia para actuar y reaccionar basado en sus características individuales.

Al considerar esta historia en particular: hasta donde yo sé, el presentador no dio clases después del sermón para tratar eliminar la perplejidad de los perplejos. Hasta donde yo sé, siguieron perplejos. Los burladores se quedaron burlando. Y los que reidores se rieron. No hubo un esfuerzo para tratar de forzar o convencer a las personas que no creyeron. Puede que preguntes: *Pues, ¿cómo puede alguien edificar una iglesia si las personas no creen el mensaje?*

Mi respuesta: Haz otra presentación y conseguirás algunos creyentes y algunos burladores y algunos reidores y algunos que no sabrán qué está pasando. Es lo que mejor que podemos hacer. Esta es tu primera "idea inspirada" que se aplica al negocio también. Presenta tu producto, creencia, concepto, plan, etc., y luego acepta que algunos creerán, otros se burlarán y otros se quedarán perplejos. Concéntrate en los creyentes.

Me da gusto que hayas creído lo suficiente para leer hasta aquí—y creo que encontrarás muchas más ideas inspiradas en las siguientes páginas.

CUATRO BUENAS IDEAS

Las siguientes son buenas ideas, esenciales para implementar cuando eliges vivir una vida excepcional. Te animo a tomar cada una a pecho: 1) sé agradecido; 2) escucha bien; 3) sé un buen estudiante 4) no seas un seguidor.

NÚMERO UNO: SÉ AGRADECIDO

Sé agradecido por lo que ya tienes. Por ejemplo, si vives en los Estados Unidos, todo lo que necesitas está disponible. Personas de todas partes del mundo quieren venir a vivir aquí. Estoy relativamente seguro de que nadie ha conspirado y maquinado para llegar a ningún otro país del mundo más que para venir a Estados Unidos. ¿Por qué? Porque todo está disponible aquí. Todos los libros que necesites, todos los sermones que necesites, todas las iglesias que necesites, todas las escuelas que necesites, toda la instrucción que necesites, toda la inspiración que necesites, toda la información que necesites, toda la libertad que necesites. Todo está disponible aquí. Es Norteamérica. Así que número uno, seamos agradecidos por lo que ya tenemos.

El agradecimiento abre puertas, abre ventanas, abre conductos para que llegues a ser lo que quieres ser. Lo que cierra puertas, ventanas y conductos para recibir es más cinismo. Ser cínico te deja sin apertura, impide que aprendas más acerca del mercado, la gente, las instituciones y la economía ... y acerca de tu propia persona y tus oportunidades. El cinismo y la falta de agradecimiento dejan bajo llave todas las cosas buenas que pueden fluir hacia ti cuando estás agradecido. Así que hoy y todos los días, comienza siendo agradecido.

NÚMERO DOS: ESCUCHA BIEN.

Escuchar puede ser un desafío en ocasiones. Lo comprendo. Algunas personas son aburridas, otras son fanfarrones, otros son pesimistas, y la lista sigue. Pero muchas veces podemos aprender de incluso las conversaciones, charlas y mensajes menos interesantes. Mostrar el respeto adecuado por la persona que está compartiendo muestra tu nivel de integridad y carácter. Escucha, y luego de hecho oye lo que la persona está diciendo. Nunca lamentarás haber escuchado bien.

NÚMERO TRES: SÉ UN BUEN ESTUDIANTE

No escribí este libro para entretenerte. No tengo un perro y un potro para divertirte. Lo que sí tengo son algunas buenas ideas para compartir contigo. Toma buenos apuntes. Subraya frases importantes. Resalta los párrafos que quieres leer múltiples veces. Escribe en los márgenes. Está bien. Tienes mi permiso.

En una ocasión alguien me mostró las páginas de apuntes que había tomado muchos años antes cuando asistió a uno de mis seminarios en Los Ángeles. Dijo: "Todavía uso estos apuntes que tomé hace 21 años para ayudarme en mi negocio y mi relación con mi familia". Así que, te animo a tomar apuntes cada día que lees, los cuales pueden llegar a tener valor para ti también. Quiero que esta inversión de mi tiempo, esfuerzo y energía te compense y sea beneficioso. Una de las maneras en que me compensará a mí es que tomes buenos apuntes y que luego vayas y uses los que tiene sentido para tu vida.

A través de los años, cuando he dado conferencias al público, seis semanas, seis meses y seis años posteriores, personas me han contactado ya sea por teléfono, carta o al acercarse conmigo personalmente, para decirme: "¡Gracias! Los cosas que usted compartió me pusieron a pensar y comencé a hacer cambios". Y, "Permíteme contarle lo que ocurrió con mi negocio". "Adivine lo que pasó con mi carrera de ventas". "¡Mi relación con mi familia ha mejorado tremendamente!" Estos comentarios hacen que la vida valga para mí. No el dinero; lo que se siente al ayudar a otros no se puede comprar con el dinero. Cuando alguien dice: "Gracias por tocar mi vida y tomarse el tiempo de hacer la inversión", eso es lo que le da sentido a mi vida.

NÚMERO CUATRO: NO SEAS SEGUIDOR SÉ BUEN ESTUDIANTE

Te dará gusto saber que no he venido en busca de discípulos. No existe ningún "movimiento" al que te debes unir. Simplemente estoy compartiendo algunas de mis experiencias y buenas ideas lo mejor que pueda. No obstante, son buenos consejos. No seas un seguidor, sé un estudiante. Acepta consejos, pero no órdenes. Recibe información, pero no permitas que alguien ordene tu vida. Asegúrate de que lo que haces es el producto de tu propia conclusión. (Esas son excelentes consejos para subrayar.) No hagas lo que otra persona diga sin primero procesarlo. Piensa en ello. Pondéralo. Si te hace preguntar, si te hace pensar, entonces tiene valor. Cuando consideras tomar acción, asegúrate de que la acción no es lo que otra persona te dijo que hicieras. Asegúrate de que la acción es el producto de tu propia conclusión.

Si sigues siquiera unas pocas de esas sencillas directrices, te estoy diciendo que el proceso de aprendizaje será rápido, ágil y poderoso.

Conquistarás la curva de aprendizaje rápidamente y luego la aplicarás a tu negocio, tu vida, tus conversaciones familiares, las oportunidades de toda clase. El progreso que hagas será asombroso—como el mío esos primeros cinco años cuando conocí a un maestros que estaba dispuesto a compartir conmigo. Dio un nuevo giro a mi vida, y progresé tanto que no podía siquiera creer que me hubiera ocurrido.

PALABRAS CON CONCEPTOS CLAVE

Todas las ideas que presentaremos en estos capítulos provienen de un grupo de conceptos clave muy importantes. Es muy importante que entiendas estas palabras clave si has de obtener el valor máximo de este libro y añadir significativamente a tu riqueza y felicidad.

La primera palabra clave importante es *fundamentos*. Esta palabra llama la atención a la cuestión primordial en nuestra búsqueda de mayor éxito. Es la palabra clave en hacer que nuestras vidas funcionen bien. Los fundamentos son las bases que construyen los cimientos de los logros, la productividad, el éxito y el estilo de vida.

Los fundamentos constituyen el principio, la base, la realidad de donde fluye todo lo demás. Y recuerda que no existen fundamentos nuevos. Los fundamentos están bien establecidos y se han probado con el tiempo. Ten cuidado de alguien que dice que tiene un nuevo fundamento. Eso es como alguien que dice que fabrica antigüedades. Tendríamos que quedar sospechosos. Los fundamentos son las bases. Es tan importante que los entiendas y consideres en la práctica si anhelas la buena vida.

EL ÉXITO ES MERAMENTE UN RESULTADO NATURAL QUE VIENE DE LA OPERACIÓN CONSISTENTE DE FUNDAMENTOS PRÁCTICOS.

Y puedo agregar aquí que no hace falta que vayas a buscar respuestas exóticas para el éxito. El éxito es un proceso muy básico. No cae del cielo. No hay misterios ni cae en la esfera de lo milagroso. El éxito es meramente un resultado natural de la operación consistente de fundamentos prácticos. Como alguien sabiamente dijo: "Para ser exitoso, no tienes que hacer cosas extraordinarias. Simplemente haz las cosas ordinarias extraordinariamente bien". El Sr. Shoaff, mi maestro, me dio muchas excelentes frases que siempre recordaré. Una fue: *Siempre hay alrededor de una media docena de cosas que hacen un 80 por ciento de la diferencia.* Qué pensamiento más clave. Media docena de cosas. Cuando estamos trabajando sobre nuestra salud, riqueza, nuestras metas personales o nuestra empresa profesional, la diferencia entre nuestro éxito final o el fracaso inevitable descansa en el grado en el cual estamos dispuesto a buscar, estudiar y trabajar sobre esa media docena de cosas.

La segunda palabra clave que debemos considerar es *riqueza*. Riqueza es una palabra que provoca una amplia variedad de imágenes mentales. Parte de mi propósito al leer este libro es provocar esa amplia variedad de imágenes mentales, siendo que es allí donde están los sueños y de donde viene la inspiración. Es allí también donde nace el verdadero incentivo. El misterio y la mezcla de imagen mental es esencial en la vida; su uso correcto y constante es el camino hacia una vida singular y abundante.

Ahora, para algunos, riqueza significa tener suficiente sustancia financiera para poder hacer lo que deseen hacer con su vida. Para otros puede que signifique libertad de la deuda, la libertad del constante reclamo de obligación. Aun para otros, significa oportunidad. Y para muchos, riqueza significa un millón de dólares. Esa es una palabra singular, millonario. Suena al éxito: libertad, poder, influencia, placer, posibilidad, benevolencia y emoción. No es una mala imagen mental.

LA RIQUEZA. LA POSESIÓN DE GRANDES RECURSOS FINANCIEROS QUE MEJORAN LA CALIDAD DE TU VIDA Y AÑADEN DIGNIDAD Y UN ESTILO DE VIDA EXPANDIDO.

Decide por tu propia cuenta lo que riqueza significa para ti; aférrate a tu propia imagen mental de la riqueza. Luego, veamos si las ideas que estoy a punto de aportarte hacen sentido y posiblemente te provean de la inspiración para poner un plan en alta acción para que, a medida que pasen los días, descubras un creciente sentido de libertad y dignidad, autovalor, sustancia y estilo de vida.

La siguiente palabra clave es *felicidad*. La búsqueda universal. La felicidad es una alegría que en la mayoría de los casos es el resultado de una actividad positiva. Al igual que la riqueza, también tiene una gran variedad de significados e interpretaciones. *La felicidad es tanto la alegría del descubrimiento como la alegría del conocimiento.* Es el resultado de la conciencia de toda la gama de la vida, del color, del sonido, de la armonía y de la alegría que se obtiene al diseñar una vida y practicar el fino arte de vivir bien. La felicidad es poder explorar lo que ofrece la vida por medio de la percepción, respuesta y el disfrute. La felicidad es tanto recibir y compartir, cosechar y otorgar. Es poder agasajarse con la armonía como así también el alimento, con ideas así como el pan. Pero para la mayoría de las personas en nuestro derredor, parece que la felicidad es algo que o se deja atrás o algo que todavía no se ha descubierto. Como todas las buenas cosas en la vida, la felicidad es elusiva por naturaleza, pero no imposible de capturar.

Una clave principal para traer gozo a nuestras vidas descansa en la siguiente palabra que examinaremos brevemente: disciplina. Si existe una palabra que se destaca por encima de las demás, es disciplina. En este libro descubrirás qué tan positiva es en realidad esta palabra. La disciplina es el puente entre el pensamiento y el cumplimiento, el puente entre la inspiración y el logro de valores, el puente entre necesidad y productividad. Recuerda, todas las cosas buenas son corriente arriba. El paso del tiempo causa que vayamos a la deriva ... y esto solo nos trae lo negativo, lo desastroso, la desilusión y el fracaso. La disciplina es como un juego de llaves que abre todas las puertas de la riqueza, felicidad, sofisticación, cultura, alta autoestima, orgullo, gozo, logro, satisfacción y éxito. *La disciplina es el inicio y el proceso continuo que produce todas las cosas* buenas. Y recuerda, cualquier persona puede iniciar el proceso. No es si yo pudiera, lo haría. Es si lo hiciera, podría. Si lo hago, puedo.

Así que inicia el nuevo proceso. Puedes comenzar con un nuevo hábito, sin importar qué tan pequeño sea. Pequeño no es importante. Si empiezas o no y si continúas o no es lo importante.

Y no te diluyas con una afirmación. Solo afirma lo que verdaderamente estás preparado a hacer. Muchos de nosotros nos diluimos con nuestras palabras al hacernos creer que estamos haciendo cambios y progresando cuando de hecho nuestra actividad diaria nos está llevando en la dirección opuesta exacta de nuestras afirmaciones. ¿Por qué caminarías en la dirección opuesta de tus sueños? ¿Por qué soñar con la riqueza y caminar diariamente hacia el desastre financiero seguro? ¿Por qué desear felicidad y pensar los pensamientos y cometer actos que llevan a la desesperación segura? Así que, para tener una vida próspera, inicia un plan de prosperidad. Para ser rico, inicia un plan de riqueza. Recuerda, no tienes que ser rico para tener un plan de riqueza.

PARA TENER UNA VIDA PRÓSPERA, INICIA UN PLAN DE PROSPERIDAD.

INICIA TU MEJOR VIDA HOY

Una persona sin medios puede tener un plan para la riqueza. Si estás enfermo, inicia un plan de salud. Si no tienes energía, inicia un plan de energía. Si no te sientes bien, inicia un plan para sentirte bien. Si no eres inteligente, inicia un plan para la inteligencia. Si no puedes, inicia un plan para poder, si no tienes, inicia un plan para tener. Toda persona puede.

Reconoce que el inicio de tu mejor vida, tu vida feliz y tu vida rica es hoy. Esto es emocionante. Tanto el proceso como el resultado pueden comenzar hoy. Comienza tu travesía hoy. Si piensas en una nueva idea, hoy es el día de comenzar la disciplina de poner esa idea en acción. Establece este día como un inicio largo, ocupado y emocionado de tu nueva vida.

Saca tu primer libro de tu nueva biblioteca hoy. Comienza tu nueva práctica de fijar metas hoy. Comienza a limpiar el cajón de tu nuevo escritorio ordenado hoy. Comienza a comerte una manzana cada día en tu nuevo plan de salud hoy. Pon algo de dinero en tu nueva cuenta de inversiones para una fortuna hoy. Comienza a leer con intensidad para tu nuevo plan para tener riqueza mental hoy.

Escribe una carta que has pospuesto hoy. Haz una llamada que has estado postergando hoy. Toma tu cámara y toma una foto para comenzar tu nuevo tesoro de fotografías hoy. Echa a andar algo de ímpetu para tu nuevo compromiso para la mejor vida. Ve cuántas actividades puedes lograr en este primer día. Haz todo lo que puedas, rompe con la atracción negativa de la gravedad. Pon en marcha los propulsores. Demuéstrate a ti mismo que la espera ha terminado, que la esperanza ha pasado y que la fe y la acción han tomado el mando.

COMPRUEBA A TI MISMO QUE LA ESPERA HA TERMINADO,

Es un nuevo día, un nuevo comienzo para tu nueva vida. Con disciplina, no puedes creer la lista de movimientos positivos que puedes hacer el primer día de tu nuevo inicio.

¿Qué tienes para perder? Solo la desesperación y el temor y la culpa del pasado. Solo la insatisfacción e infelicidad y falta de realización del pasado. Solo la frustración y la baja autoestima del pasado. Toma gran placer en asistir en tu propio nuevo nacimiento, independientemente del éxito que hoy tienes. Estás listo, como dice la frase bíblica, a "Volar con las águilas", y habrás comenzado tu travesía segura hacia el último concepto clave del que hablamos en este capítulo: el éxito.

El éxito es tanto una travesía como un destino, ¿verdad? Es tanto el progreso constante y medido hacia una meta y el logro de una meta. El éxito es un logro, sea grande o pequeño. Y es un entendimiento del potencial y el poder de toda una vida humana. El éxito es una conciencia del valor y la cultivación del valor a través de la disciplina. Puede ser tangible o intangible.

El éxito es alejarse de algo a fin de dirigirse hacia algo diferente. De no hacer ejercicio a hacer ejercicio, de dulces a fruta, de no invertir a invertir. El éxito es responder a una invitación: una invitación a cambiar, crecer, desarrollarse, convertirse y ascender hacia un lugar mejor con una mejor posición de ventaja.

EL ÉXITO ES UNA COLECCIÓN DE VALORES PERSONALES, CLARAMENTE DEFINIDOS Y FINALMENTE ALCANZADOS.

Pero más que nada, el éxito es lo que tú quieres que tu vida sea, considerando todas las posibilidades, considerando todos los ejemplos.

¿Qué quieres para tu vida? Esa es la gran pregunta.

Recuerda, el éxito no es un conjunto de normas de nuestra cultura, sino más bien una colección de valores personales, claramente definidos y finalmente alcanzados. El éxito es tu mejor vida, el diseño que le has dado, los sueños que logras, hacer que tu vida sea lo que quieres que sea para ti.

Eso es el éxito.

2

TU FILOSOFÍA PERSONAL

Una vida excepcional tiene un fundamento filosófico fuerte de donde todas las ideas creativas y acciones nacen. Este capítulo dinámico ilustra la diferencia entre una filosofía personal fuerte y débil y cómo cada una está directamente relacionada con tu destino definitivo de éxito o de fracaso.

La filosofía es el factor determinante principal de cómo resulta tu vida. Para formar tu filosofía, tienes que pensar, tienes que usar tu mente. Tienes que procesar ideas. Todo este proceso empieza mucho tiempo atrás cuando éramos niños y sigue por toda tu vida. Tu filosofía de la vida incluye lo que aprendiste o lo que te fue expuesto en las escuelas a donde fuiste, tus padres, y tus experiencias en general. Todo lo que procesas por medio de pensar se desarrolla en tu filosofía. Y en mi opinión, la filosofía personal de cada persona es el factor principal en cómo tu vida finalmente resulta.

IZA TU VELA

La filosofía de cada persona es parecida a cuando uno iza la vela de su barco, listo para iniciar su travesía. Tienes la habilidad y la oportunidad de fijar tu curso en la vida.

Yo antes pensaba que las circunstancias ordenaban mi vida. Si alguien me hubiera preguntado a la edad de 25, "Sr. Rohn, ¿por qué no te está yendo bien? Solo tienes centavos en tu bolsillo, te están llamando los acreedores, no tienes nada en el banco, estás atrasado con tus promesas a tu familia. Vives en los Estados Unidos. Tienes 25 años de edad. Tienes una familia hermosa, todas las razones para que te vaya bien, y sin embargo las cosas no te van bien. ¿Qué pasa?"

Durante ese tiempo no se me hubiera ocurrido echarle la culpa a mi filosofía. Ni siquiera hubiera pensado en responder: "Pues, tengo una filosofía pésima y esa es la razón por qué tengo centavos en mi bolsillo y nada en el banco. Es por eso que las cosas no están funcionando bien".

Lo encontré mucho más fácil echarle la culpa al gobierno, mucho más fácil echarle la culpa al problema de los impuestos. Yo antes solía decir: "Las cosas no están mejor porque los impuestos están tan altos". El porcentaje máximo de impuestos cuando comencé a pagar impuestos era el 91 por ciento. Así que cuando los ingresos de una persona llegaban a cierto nivel, todos los ingresos por encima de esa cantidad era el 91 por ciento. Actualmente el porcentaje máximo es alrededor del 33 por ciento, pero, ¿las personas siguen diciendo qué? "Los impuestos están demasiado altos". Pero ya no podemos usar ese pretexto. Si el porcentaje ha bajado del 91 al 33, ¿cómo puede estar demasiado alto? Vamos, tomemos las cosas con más seriedad.

Así que, descarté el pretexto de los impuestos. (Algunas personas sin embargo, lo siguen usando.) Luego solía echarle la culpa al tráfico, o al clima. Antes les echaba la culpa a las circunstancias. Lo encontraba más fácil echarle la culpa a la compañía, a las normas de la compañía. Solía decir: "Si esto es todo lo que pagan, ¿cómo esperan que yo haga bien?" Pensaba que mi futuro estaba amarrado a lo que todos los demás estaban decidiendo, incluyendo la economía y las tasas de interés. Antes decía que todo costaba demasiado.

Esa era toda mi explicación por la situación en mi vida. La gente decía que yo era demasiado alto, demasiado bajo de estatura, demasiado viejo. Crecí en un lugar que nadie conocía, en una granja con padres de medios modestos. Y creía que todo eso estaba impidiendo que me fuera bien.

Todo es sintomático de algo: algo que está bien o está mal. Es una sabia política no ignorar los síntomas, porque pueden ser las indicaciones tempranas de una filosofía mal elegida, o una indicación de que algo importante no se está leyendo, entendiendo o calculando correctamente.

Mi maestro, mi mentor, me enseñó que el problema era mi propia filosofía personal.

Lo que es emocionante acerca de la filosofía de cada persona, lo que nos hace diferentes a los perros y animales y pájaros y gatos y arañas y cocodrilos, lo que nos nace diferentes a todas las demás formas de vida es la habilidad de pensar, la habilidad de usar nuestras mentes, la habilidad de procesar ideas; no operar por nuestro instinto sino por nuestro razonamiento.

En el invierno, los gansos solo pueden volar al sur. ¿Qué si el sur no se ve tan bien? Mala suerte. Solo pueden volar al sur. Los humanos no somos como los gansos que solo pueden volar al sur. Podemos ir al sur y podemos ir al norte. Podemos ir al este o podemos ir al oeste. Podemos ordenar todo el proceso de nuestras vidas.

Puedes ordenar el proceso entero de tu vida por medio de lo que piensas. Puedes ejercitar tu mente al procesar ideas y venir con una mejor estrategia, una mejor estrategia para tu vida. Puedes establecer metas (izar velas) para el futuro y hacer planes para lograr esas metas. Todo esto viene de desarrollar tu filosofía personal.

EL MILAGRO DE LA VIDA

La filosofía nos ayuda a procesar lo que está disponible, lo que tenemos para usar en el crecimiento de nuestra filosofía singular. En un sentido, todos tenemos los elementos naturales de la semilla, la tierra, la lluvia, el solo y las estaciones.

Ahora la clave es qué haces con todo eso. ¿Cómo conviertes todo lo que está disponible en valor y promesa y estilo de vida y sueños y futuras posibilidades?

Pues, comienza con tu filosofía personal y por medio de determinar:

- ¿Qué es la semilla?

- ¿Qué es la tierra?

- ¿Qué es la lluvia?

- ¿Qué es el sol?

- ¿En qué estación estás?

Es posible tomar algo de cada uno de esos elementos que están disponibles y convertirlo en alimento y valor y alimento? ¿Volcarlo en algo espectacular y único que ninguna otra forma de vida puede hacer? ¡La respuesta es sí!

Pero no puedes hacer nada de eso a menos que empieces a refinar tu filosofía. Tienes que pensar, usar tu mente, salir con ideas. y fortalecer tu filosofía.

La semilla y la tierra y la lluvia y el sol se llaman la economía, los bancos, los recursos financieros, las escuelas, la información, y toda oportunidad disponible que hay. Procesar la información y pensar acerca de qué hacer con todo lo que está disponible es convertirlo en capital y valor. Ese es el mayor desafío de la vida, en mi opinión personal.

La filosofía personal de cada persona determina lo que va a hacer con la semilla y la tierra y el sol y la lluvia, el cambio de las estaciones. Es un milagro, según mi opinión personal. La filosofía personal de cada persona es como izar la vela.

De eso se trata este capítulo: ajustar tu vela (filosofía) para que estés mejor equipado en tu travesía. No necesitas una mejor economía. No necesitas mejor semilla y tierra. De hecho, cuando se trata de semilla y tierra y lluvia y sol y estaciones y el milagro de vida, eso es todo lo que en verdad tienes.

DEJA DE CULPAR A TUS OPORTUNIDADES

Qué si culpas a la economía, la escuela y los maestros, los sermones y los predicadores, el mercado, la compañía y las normas de la compañía, ¿qué más hay? De hecho estás culpa a todo lo que tienes—todas las oportunidades. Cuando algunas personas ya terminan con su lista de culpables, ya no queda nada. Es todo lo que hay.

Cuando culpas a todo con lo que tienes que trabajar, estás cometiendo un error colosal. Pero cuando comprendes el valor de aquello con lo que tienes que trabajar, entonces puedes cambiar la semilla y la tierra y la lluvia y el sol y las estaciones para que te favorezcan. Así como puedes viajar al norte, sur, este y oeste si deseas. Cuando cambias tu filosofía para aprovechar lo que tienes disponible, vivirás una vida excepcional.

¿Adivina lo que yo tuve que hacer a la edad de 25 para cambiar mi propio futuro? Tuve que cambiar mi mente. Tuve que cambiar mi manera de pensar. Tuve que cambiar mi filosofía. Estaba confundido en cuanto a qué era lo que estaba causando mis problemas. Una vez que dejé de culpar al gobierno y a los impuestos, el mercado y la economía, lo caro de las cosas, familiares negativos, vecinos cínicos, etc., y comencé a enfocarme en el verdadero problema, el cual era yo mismo, mi vida explotó con cambios. Mi cuenta bancaria cambió inmediatamente. Mis ingresos cambiaron inmediatamente. Inmediatamente toda mi vida tomó una nueve imagen y un nuevo color en su totalidad.

Los primeros resultados de hacer estos cambios filosóficos sabían tan bien que nunca dejé el proceso desde ese día hasta ahora.

Con una poca consideración para ajustar mejor tu vela y refinar tu filosofía, toda tu vida puede comenzar a cambiar hoy mismo. No tienes que esperar hasta mañana. No tienes que esperar hasta el próximo mes. No tienes que esperar hasta la primavera. Puedes comenzar todo este proceso inmediatamente. Lo recomiendo.

REFINA TU FILOSOFÍA

Algunas personas piensan tan poco que ni siquiera han izado su vela, y mucho menos la han puesto en la dirección que quieren ir ¿Te puedes imaginar dónde van a terminar al final de la semana, el mes, o al final del año?

Ahora es el tiempo de procesar toda esta información y cambiar tu filosofía personal a una que te llevará a los lugares que sueñas, llegar a ser la persona que quieres ser, y dejar un legado que seguirá viviendo por generaciones.

Por ejemplo, cuando mi papá contaba con 88 años, todavía no se había jubilado. Nunca había estado enfermo. En una ocasión hace muchos años cuando yo lo estaba visitando, perforamos un nuevo pozo y preparamos unas hectáreas para plantar. Él estaba emocionado. A la medianoche, nos estábamos preparando para acostarnos, pero mi papá se tomó el tiempo para comer lo que él llama: "Mi tentempié de medianoche, un bocado antes de acostarme. No hay por qué acostarse con hambre".

¿Qué creen que fue ese bocado? Una manzana. Unas cuantas galletas sencillas, y un vaso de jugo de toronja. Con razón mi papá estaba tan sano.

Mi mamá le enseñó a mi familia buenas prácticas saludables. Me enseñó mientras crecía, y nunca he estado enfermo. Cumplí medio siglo hace tiempo. Mis dos hijas actualmente tienen 32 y 22 años y nunca han estado enfermas. Mis nietos nunca han estado enfermos. El legado de comer bien sigue.

Al observar a mi papá comer su tentempié de medianoche, recordé el viejo refrán sabio: "Una manzana al día mantiene lejos al doctor". ¿Qué si eso es cierto?

Puede que preguntes, "Pues bien, Señor Rohn, si eso es cierto, eso sería muy fácil para mantenerse uno sano, así que, ¿qué es el problema?" No es fácil adoptar un nuevo hábito o filosofía. No es fácil adoptarlo como tu propia filosofía personal.

¿Qué del tipo que dice, "Una barra de chocolate al día ..."? No, no. Tienes que ser inteligente cuando estás refinando tu filosofía. No caigas en la tentación de una barra de chocolate al día, o cualquier otra tentación que se nos venga regularmente, cuando sabes que es una manzana al día.

LA FÓRMULA PARA EL FRACASO

Una definición del fracaso es repetir unos pocos errores de juicio cada día—por seis años. Si cometes el error de juicio de comerte esa barra de chocolate nada sano por seis años, te digo, acumulará en desastre. Puede que el primer día pienses: *Pues, estoy sano ahora, así que, ¿qué diferencia va a hacer una sola barra de chocolate?*

Tenemos que ser más inteligentes que eso. El hecho de que el desastre no caiga sobre nosotros al final del primer día o de la primera semana o del primer mes no significa que el desastre no esté por llegar. Tenemos que ser inteligentes y ver más adelante en el camino y pensar, *¿Hay errores en mis decisiones actuales? ¿Qué me costará ese error de juicio, esa filosofía personal, en seis semanas, seis meses, o dentro de seis años?*

El costo gigantesco de la salud, el éxito y el dinero es obvio si te tomas tiempo para ver tu filosofía y ver si hay errores en tus decisiones basados en tu juicio actual. Una manzana comparada con una barra de chocolate cada día es una buena ilustración de una mala decisión. ¿Existen otros errores en mi juicio que se necesitan corregir?

Allí es donde me encontré a la edad de 25. Comencé a trabajar cuando tenía 19 años. Conocí a mi maestro que me ayudó a transformar mi vida cuando tenía 25. Esos son seis años… seis años de hacer errores de juicio cada día. Al final de los primeros seis años de mi vida económica, como mencioné previamente, solo tenía monedas en mi bolsillo, nada en el banco, y acreedores que estaban llamando, diciendo: "Oye, ¡nos dijiste que el cheque ya venía en camino!" Yo estaba avergonzado. Estaba atrasado con mis promesas. Vivía en los Estados Unidos, tenía una linda familia, y todas las razones para vivir bien.

Les estaba echando la culpa a los demócratas, los republicanos, la economía, las tasas de interés, todo salvo mi filosofía personal; mis propios errores de juicio. Por esos seis años, nunca le presté atención a ninguno de los dos.

Así que ahora conoces la fórmula para el fracaso: unos cuantos errores de juicio. Errores repetidas cada día por un mes inicia la debilidad, inicia el proceso del desastre. Puedes imaginarte lo que sucede después de seis años porque ya leíste acerca de lo que me pasó a mí al seguir esa fórmula.

LA FÓRMULA PARA EL ÉXITO

Ahora, aquí está la fórmula para el éxito: unas cuantas disciplinas beneficiosas que se practican todos los días. Si decides comerte una manzana al día en vez de una barra de chocolate, has iniciado el proceso de darle giro a tu vida para mejor.

Si sigues con el proceso, no solo con tu salud sino también tus finanzas, comunicación, relaciones, administración, carrera y todos los demás hábitos y reemplazas los errores con disciplinas beneficiosas, puedes cambiar tu vida para mejor inmediatamente. Después de hoy, nunca tienes que volver a ser igual: es tu elección.

Después de leer la última página de este libro, no tienes que ser igual que cuando leíste la página 1. Es tu elección. Puedes iniciar una vida totalmente nueva y emocionante. ¿Es así de sencillo? Sí. Es así de sencillo. ¿Dónde más comenzarías sino con una manzana? No tienes que comenzar con algo abrumante.

Otro ejemplo de un pequeño comienzo para refinar tu filosofía personal: ¿Qué si debieras estar caminando alrededor de la manzana para tu buena salud, pero no lo haces? ¿Cómo te afectará ese error de juicio en seis años? Te estoy diciendo que la palabra es desastre. Podrías, y debes, pero no lo haces. Aquí está una frase más fuerte: No estás dispuesto. No hacer algo puede significar que eres descuidado. No estar dispuesto a hacerlo probablemente significa que eres obstinado. Y ambos llevan al desastre. Podría, debería, no lo haré, no estoy dispuesto: estás palabras no te benefician en ningún área de esfuerzo.

Después de que me di cuenta de que mi filosofía personal no estaba funcionando, cambié mi forma de pensar para aprovechar todo lo que tenía disponible. ¿El resultado? Los siguientes seis años—de 25 a 31—me convertí en millonario. Ya era millonario a los 31 años. ¿Qué piensas de eso?

Posiblemente preguntes, "Pues, Sr. Rohn, ¿qué ocurrió?

Mi respuesta, aunque parezca extraño, durante los segundos seis años de mi vida económico, el gobierno seguía más o menos igual, los impuestos eran más o menos iguales, mis parientes negativos eran más o menos iguales, la economía era más o menos igual y los precios eran más o menos iguales. Las circunstancias y todo lo demás eran más o menos iguales que los seis años anteriores.

¿CÓMO ME HICE RICO? CAMBIÉ MI FILOSOFÍA.

Así que, ¿cómo me hice rico? ¿Cómo cambié totalmente mi vida? Comencé por cambiar mi filosofía de vida. Comencé a corregir mis errores por medio de pensar mejor, cambiar mi mente, y empezar a salir con ideas que no había tenido antes de conocer a mi maestro. Y una vez que todo el proceso comenzó para mí, toda mi vida cambió... y nunca ha vuelto a ser igual. Y seguí con ese proceso todos estos años.

Una de las razones por las que escribí este libro es para perpetuar mi arte. No quiero que llegue el día en que alguien diga: "Debiste haber escuchado a Jim Rohn hace diez años, cuando era realmente estupendo". No. Quiero que la gente diga: "¡Yo escuché a Rohn hace diez años, y deberías escucharlo ahora! Te digo que el hombre trabaja para mejorar en su arte. Siempre está aprendiendo maneras de mejorarse. Este hombre fue muy exigente consigo mismo y es por eso que comunica de la manera que lo hace.

DAR UN GIRO

El proceso de cambio personal para obtener el éxito puede funcionar para toda persona comprometida a mejorar sus vidas incluyendo adolescentes, madres, padres, estudiantes, personas de negocio, asociados de venta, gerentes, dueños de negocios, dondequiera que te encuentres.

El proceso comienza con tu propia filosofía personal, la cual determina si tienes o no el dominio propio de la autodisciplina, o si seguirás haciendo errores de juicio muy dañino que llevarán al desastre y solo unas cuantas monedas en tu bolsillo.

Me dio mucho gusto encontrar mi mentor a la edad de 25. El Sr. Shoaff dijo:

> Sr. Rohn, no tienes que cambiar de país, pero *sí* tienes que cambiar tu filosofía. Si cambias tu filosofía, les puedes dar un giro a tus ingresos, puedes darle un giro a tu cuenta bancaria, puedes darles un giro a tus habilidades. Puedes llegar a ser capaz, poderoso, sofisticado, sano y de mucha influencia.

> Todas las demás cosas que puedas desear de tu vida pueden ser tuyas, utilizando sólo lo que hay, sin tratar de cambiar lo imposible. Aprecia lo que hay con todos los altibajos y el misterio de por qué funciona y a veces no funciona.

> No desafíes la sabiduría. No tienes que pedir otro planeta. No tienes que pedir otro país. Solo pide otro libro, otro seminario, otra idea. Luego puedes comenzar todo el proceso de cambiar tu vida personal.

Yo podría gastar todo otro capítulo en la filosofía porque es allí donde están todas las respuesta. Pero es mi esperanza que este capítulo te haya intrigado lo suficiente para estudiarlo, ponderarlo y aceptar el compromiso como yo lo hice. Espero que estés pensando: "Oye, si es así de simple como una manzana al día, tan simple como dar una caminada alrededor de la manzana, comenzaré con eso!"

Es bueno empezar por donde es fácil, y luego ir a disciplinas más complicadas a medida que el proceso se hace más y más obvio que aquí es donde comienza el camino para vivir una vida excepcional.

¿La clave? Filosofía.

3

PALABRAS QUE
FORMAN VIDA

Una filosofía personal y poderosa se construye recopilando conocimientos de una gran variedad de fuentes. En este capítulo descubrirás dos fuentes de información que están al fácil alcance de todos, sin embargo, con frecuencia se pasan de largo.

El proceso fundamental de saber qué información necesitas y reunirla es una de las claves para vivir la buena vida. Algunos de los mejores consejos que el Sr. Shoaff me dio en esos primeros años fue por qué y cómo estudiar. Estudiar es una palabra clave para cambiar la vida. Si deseas ser exitoso, estudia el éxito. El éxito no es un accidente. Si deseas ser feliz, estudia la felicidad. La felicidad no es un accidente.

Asimismo, si deseas ser rico, estudia la riqueza. Otra vez, la riqueza no es un accidente. ¿Te gustaría adivinar cuantas personas se dedican a estudiar la riqueza? Correcto, muy pocos. Dado que la riqueza, la felicidad y el éxito son valores que hay que cultivar, es natural suponer que la mayoría de la gente los estudiaría detenidamente. Por qué no lo hacen es otro ejemplo de esos aspectos de la vida que entran en la categoría de misterios de la mente.

Recuerda, las claves principales para mejorar tu futuro van a ser ideas e información. Si tenemos cualquier escasez, no es porque nos falten dinero, oportunidad o recursos. Es porque carecemos de ideas que hayan tomado forma a través de la información. Hace muchos años aprendí que algunos de los mejores consejos que se han dado provienen de la Biblia. Hay una frase en ese asombroso libro que dice: si buscas, hallarás. Así que esa es la manera de descubrir ideas e información que cambia la vida: búscala.

Para encontrar, tienes que buscar. Tienes que asistir a seminarios y clases de entrenamiento. Tienes que escuchar libros por audio y leer artículos creíbles y cursos en el Internet que te den ideas que te ayudarán a experimentar grandes avances. Tienes que participar en conversaciones con personas de sustancia. Tienes que ir en busca. Rara vez te interrumpe una buena idea. Y al buscar diligentemente, encontrarás las ideas que necesitas.

La siguiente palabra clave en el proceso de buscar información que puede cambiar tu vida es capturar. Cuando encuentras una buena idea, captúrala. Captura todo por medio de escribirlo, grabarlo. No confíes en tu memoria para recordarlo. Captura todo por medio de escribirlo, grabarlo. Esta es una de las razones por qué este libro ha sido publicado, para capturar las ideas.

UN DIARIO ES UN LUGAR DONDE REUNIR IDEAS

Como un estudiante serio de la riqueza y la felicidad, te animo a hacer uso de un cuaderno de notas o diario, como un lugar para recopilar todas las ideas que te llegan. Comienza una nueva disciplina que puede conducir a la riqueza y felicidad.

Descubre cómo funcionan las cosas. Nunca permitas que se diga que no tomaste el tiempo o el esfuerzo para descubrir lo que necesitabas saber. Ahora, permíteme darte una palabra calificadora: puede que no puedas hacer todo lo que descubras, pero asegúrate de descubrir todo lo que puedes hacer. No querrás llegar al final de tu vida y descubrir que solo has vivido una décima parte de ella. Y que las otras nueve décimas se fueron por el desagüe. No por falta de oportunidades, sino por falta de información.

Dos de las mejores fuentes de información disponibles son: 1)tus propias experiencias y 2)las experiencias de otras personas. Veamos cada una de estas fuentes por separado.

Primero, como mencioné anteriormente, aprende de tus propias experiencias. Sé un buen estudiante de tu propia vida. Esta es, después de todo, la información con la que estás más familiarizado y que te convence más, así que haz que tu propia vida sea uno de tus estudios más importantes. Y al estudiar tu propia vida, asegúrate de estudiar lo negativo así como lo positivo. Tus fracasos así como tus éxitos. Nuestros supuestos fracasos nos sirven bien cuando nos enseñan información valiosa. Los fracasos a menudo son mejores maestros que nuestros éxitos.

Una de las maneras que aprendemos a hacer algo correctamente es simplemente hacerlo mal. Hacerlo mal es una maravillosa escuela para el aprendizaje. Te sugiero que no tomes demasiado tiempo, sin embargo. Si lo has hecho mal por diez años, no sugiero otros diez. Pero qué manera tan accesible y emocionalmente impactante de aprender de tus propias experiencias.

Cuando primero conocí al Sr. Shoaff, yo había estado trabajando por seis años. Él me dijo: —Sr. Rohn, ya has estado trabajando por seis años. ¿Cómo te va?

Dije: —No muy bien.

Él dijo: —Entonces sugiero que ya no hagas eso. Seis años es suficiente tiempo para operar el plan equivocado. —Luego preguntó: —¿Cuánto dinero has ahorrado en los últimos seis años?

Dije: —Nada

Él entonces me preguntó: —¿Quién te convenció de ese plan hace seis años?

¡Qué pregunta más fantástica! ¿De dónde había venido mi plan actual? Era claro que no estaba funcionando bien, así que, ¿por qué lo seguía haciendo? ¿Era el plan de otra persona? ¿Era realmente mi plan? ¿De quién es el plan que tú estás trabajando?

Las confrontaciones iniciales al enfrentarte a tus propias experiencias pasadas pueden ser un poco dolorosas al principio. Sobre todo si has cometido tantos errores como yo. Pero piensa en el progreso que puedes lograr cuando por fin confrontas esos errores al convertirte en un mejor estudiante de tu propia vida.

La segunda fuente de información es aprender de las experiencias de otras personas. Y recuerda, puedes aprender de otras personas ya sea si han hecho las cosas bien o mal. Puedes aprender de lo negativo así como de lo positivo. La Biblia es un libro tan maravilloso porque es una colección de historias humanas que representan ambos casos.

Una lista de historias humanas cae dentro de la categoría de ejemplos. Haz lo que estas personas hicieron. Y la otra lista consiste en advertencias. No hagas lo que estos tontos hicieron. ¡Cuánta riqueza de información! Qué hacer y qué no hacer. Creo que también significa, sin embargo, que si tu historia llega a estar en el libro de alguien, asegúrate de que la usen como un ejemplo, no como una advertencia.

¡LEE!

La mejor forma de aprender es aprender de otras personas escuchando podcasts y audiolibros y viendo vídeos de YouTube y leyendo buenos libros de y acerca de personas que han logrado grandes cosas.

Todas las personas exitosas que yo conozco y con quienes trabajo alrededor del mundo son buenos lectores. Simplemente leen. Son tan curiosos que se sienten impulsados a leer, porque simplemente tienen que conocer. Es una característica que todos tienen en común. Aquí está una buena frase: Todos los líderes son lectores. Y pueden escuchar audiolibros también, especialmente cuando están en su auto. Cuando no se pueden sentar y leer un libro, los audiolibros y los CD pueden proporcionar información que nos ayuda a captar fácilmente nuevas ideas y nuevas habilidades.

Hay miles de buenos audiolibros, libros electrónicos y libros tradicionales acerca de cómo:

- Ser más fuerte

- Mejorar relaciones personales

- Ser más decisivo

- Lograr más

- Ser un líder efectivo

- Superar temores

- Ser más exitoso

- Cambiar tus hábitos

- Ser más amoroso

- Desarrollar tu personalidad y carácter

- Enriquecerse

- Alimentarse sanamente

- Ser de mayor influencia y sofisticado

- Aumentar tu autoestima

- Aprender de los éxitos y errores de otros

- Instruirte en un pasatiempo, deporte, carrera, etc.

Todos esos temas y muchos, muchos más están al alcance de tu mano, pero aun así muchas personas no leen en los absoluto. ¿Cómo se puede explicar eso? ¿Sabías que miles de personas exitosas han escrito historias en sus libros, contando a los lectores cómo lo lograron, y sin embargo, las personas no aprovechan esta sabiduría comprobada? ¿Cómo explicarías eso?

Todo mundo está ocupado estos días. Lo entiendo. Uno puede decir algo como: "Pues, si trabajaras donde yo trabajo, para cuando ya hayas luchado para llegar a casa, ya es tarde. Comes algo, ves un poco de televisión, y te acuestas a dormir. No te puedes quedar despierto la mitad de la noche leyendo". Mas este es el hombre que está atrasado con sus cuentas y se pregunta por qué. Es buen trabajador, trabaja duro y es sincero. Pero recuerda, puedes ser sincero y trabajar duro toda tu vida, y aun así quedar en la bancarrota, confundido y avergonzado.

Tienes que ser mejor que un buen trabajador. Tienes que ser un buen lector, un buen escuchador. Lo menos que él podría hacer es escuchar un buen audiolibro mientras maneja a y de su trabajo cada noche, ¿verdad?

No tienes que leer o escuchar libros educativos la mitad de la noche. Pero si estás en la quiebra, es un buen lugar donde comenzar. Pero esto es todo lo que pido: solo lee 30 minutos al día. Eso es todo. Auméntalo hasta una hora si puedes, pero cuando menos 30 minutos. Ser medio rico no está mal: 30 minutos. Escucha o lee algo desafiante, algo que instruye, cuando menos 30 minutos al día.

Y aquí está la siguiente clave. Lee o escucha todos los días; no te pierdas ni un día. Piérdete de una comida, pero no te pierdas de tus 30 minutos. Mira, te la puedes pasar bien sin algunas cuantas comidas, pero no puedes quedar bien sin algunas ideas, algunos ejemplos e inspiración.

Una frase de la Biblia dice que el hombre no puede vivir solo del pan, solo del alimento. Dice que después de pan, la siguiente sustancia de mayor importancia son las palabras.[1] Las palabras nutren la mente, las palabras nutren al alma. Los humanos deben tener alimento y palabras para ser sanos y prósperos. Asegúrate de tener una buena dieta de palabras cada día. Le dije a mi personal en una ocasión que algunas personas leen tan poco que tienen raquitismo mental.

He aquí una idea, los buenos libros aprovechan el tesoro de las ideas. Eso es. Cuando lees, estás aprovechando el tesoro de las ideas, como estás haciendo con este libro.

Las personas parecen tener un buen pretexto para no aprovechar el tesoro de ideas por cuando menos 30 minutos cada día, o gastar el dinero para comprar libros. Declaro que no hay "buenos" pretextos. Algunos de los pretextos que he escuchado, no los creerías. Dije: "John, tengo esta mina de oro. Tengo tanto oro que no sé qué hacer con él. Ven y cava".

John dice: —No tengo una pala.

Digo: —Pues John, ve y consigue una.

Él dice: —¿Sabes cuánto cuestan las palas hoy en día?

Oye, te insto a invertir el dinero. Consigue los libros que necesitas para alimentar a tu mente. El mejor dinero que puedes gastar es dinero invertido en tu propia preparación.]No te prives cuando se trata de invertir en tu propio mejor futuro!

FORMA UNA BIBLIOTECA EXCEPCIONAL[2]

Tener una buena biblioteca cambiará tu vida. Me atrevo a decir que toda casa que vale más de $5000.00 USD tiene una biblioteca. ¿Por qué crees que ese es el caso? ¿No te daría eso curiosidad? ¿Por qué toda casa cara tendría una biblioteca? Hace que uno se pregunte, ¿verdad?

Puede que pienses, Pues, yo no tengo dinero para pagar una casa de medio millón de dólares. No importa cuál sea el tamaño de tu casa o cuánto valga. En tu casa actual, o departamento, limpia un clóset y llámalo tu biblioteca. Inicia el proceso, como yo lo hice. Empieza a formar una biblioteca que aumentará tu conocimiento, sabiduría e inteligencia.

Los libros en tu biblioteca revelarán que eres un serio estudiante de la salud y vida, espiritualidad, cultura, singularidad, sofisticación, economía, prosperidad, productividad, ventas, administración, capacidades—valores y características de todas clases.

Mi mentor Earl Shoaff me ayudó a comenzar mi biblioteca. Uno de los primeros libros que me recomendó fue *Piense y Hágase Rico* por Napoleon Hill. Me dijo: *Piense y Hágase Rico*, ¿no te intriga ese título? ¿Crees que debes leer ese libro?

Dije: "Sí, Señor". Encontré el libro en una librería de segunda mano; es allí donde tuve que comenzar; en una librería de segunda mano. Pagué menos de 50 centavos por él y todavía lo tengo. Ahora es una de las raras ediciones de tapa dura de *Piense y Hágase Rico* por Napoleon Hill. ¡Vaya! El Sr. Shoaff tenía razón!

NO BASTA CON SOLO INSPIRARTE. TIENES QUE SER ENSEÑADO. TIENES QUE SER INSTRUIDO.

Existen varias categorías clave que debes tener en tu biblioteca que te nutrirán de las formas más excepcionales. Estos son los diferentes cursos —tu alimento mental o alimento para el pensamiento— que componen tu plan total de lectura sana. Es tan importante nutrir la mente; no solo el cuerpo, sino también la mente. Frase clave. Los libros en tu biblioteca deben estar bien equilibrados. No puedes vivir de los dulces mentales. Puede que algunos digan: "Pues, yo solo leo libros con un contenido positivo". Eso es demasiado de segundo grado. Tienes que promoverte y salir del segundo grado. No basta con solo inspirarte, tienes que ser enseñado, tienes que ser instruido.

ES TAN IMPORTANTE NUTRIR LA MENTE.

Mi primer recomendación de un buen libro: *Cómo leer un libro: Una guía clásica a la lectura inteligente* por Mortimer J. Adler. Mortimer fue el editor principal de la *Enciclopedia Británica*—una excelente enciclopedia con la cual contar también. Cómo leer un libro ofrece excelentes sugerencias acerca de cómo sacar el mayor provecho de un libro. Un cosa es leerlo, otra es aprovechar al máximo su contenido. El autor provee técnicas y acercamientos en cuanto a cómo, por ejemplo, leer historia, filosofía, ciencias sociales, y literatura imaginativa. *Cómo leer un libro* también incluye una lista de lo que él llama "los mejores escritos jamás". He tenido este libro como la pieza central de mi biblioteca.

CATEGORÍAS CLAVE DE LA BIBLIOTECA

HISTORIA

Solo te estoy pidiendo que le des un vistazo a la categoría de historia para tu biblioteca. Si te conviene, bien. Si no te conviene, oye, sigue buscando hasta que encuentres algo que sí te convenga, pero ten siempre presente que debes tener una biblioteca bien equilibrada. Permíteme darte algo de ese equilibrio.

Debemos tener conciencia de la historia. La historia americana, la historia nacional, la historia de la familia, la historia política. Una conciencia de la historia es importante para el contexto en la vida. La lección de historia más corta: la oportunidad mezclada con la dificultad.

No importa lo atrás que vayas, ya sea hace 1000 años o 4000, todo se lee igual. Una vez que entiendas que el hilo no cambia, te das cuenta de que tú eres el elemento que tiene que cambiar. La historia nos ayuda a comprender cómo es y con qué contamos para trabajar: semillas, tierra, sol, lluvia y estaciones, y lo que los seres humanos han hecho con esto mismo en el pasado. Verás cuantas personas en el pasado han, al igual que yo en el pasado, echado a perder las cosas. Y cuantos corrigieron esas cosas malas para luego llevar vidas excepcionales. Esa es la razón por la cual aprender la historia: para ayudarnos a ver el hoy como realmente es. Sé un buen estudiante de la historia.

Un buen libro para tu biblioteca es *Lecciones de Historia*, por los historiadores Will y Ariel Durant, quienes fueron ganadores del Premio Pulitzer. Este libro breve solo cuenta con unas 100 páginas. Pero te estoy diciendo, está tan bien escrito que quedarás tan intrigado con su contenido como quedé yo.

FILOSOFÍA

Otra categoría importante que tener en tu biblioteca es la filosofía. Además del libro excelente sobre la historia, Will Durant también escribió *La historia de la filosofía*. Este libro tiene un excelente resumen de los filósofos clave de los siglos más recientes: lo que enseñaron y las vidas que vivieron. Puede que encuentres un poco difícil su lectura; pero oye, no puedes solo leer lo fácil. No solo leas lo fácil; no crecerás. No cambiarás. No te desarrollarás. Te animo a entrarle a las cosas difíciles.

NOVELAS

Las novelas son buenas para leer porque son historias intrigantes que mantienen nuestra atención y el autor puede entretejer en ella la filosofía que él o ella está tratando de comunicar. Ayn Rand probablemente hacía esto mejor que cualquier otra persona en quien pueda pensar. *La rebelión del atlas (Atlas Shrugged)* es una de esas novelas clásicas sobresalientes que nos mantienen intrigados, pero la autora continuamente nos estaba alimentando su filosofía a través de la novela.

Ahora, estés o no de acuerdo con su filosofía, tienes que admitir que ella era realmente buena para comunicarla, entretejiéndola a través de la historia, en el diálogo, los discursos, y el texto; su forma de escribir es fabulosa. Un poco de consejo personal: no leas las novelas "rojas". En ocasiones puedes encontrar algo valioso en esa clase de novela, pero yo no me tomaría el tiempo de dedicarme a leer una para encontrarlo. Puedes encontrar la corteza de un pan en el bote de basura, pero yo no me dedicaría a buscar en la basura para encontrarlo. Hay tantos libros buenos y brillantes, así que evítate la basura.

BIOGRAFÍAS Y AUTOBIOGRAFÍAS

Es esencial incluir esta categoría en tu biblioteca. Las biografías y autobiografías son las historias de personas exitosas así como de personas que no tuvieron éxito. Muchas de esas historias son dramáticas, intrigantes, instructivas, y cada una es distintiva. Una de las mejores es la Biblia, que está llena de historias humanas con buenos "ejemplos" así como historias que nos sirven de advertencia.

Las biografías y autobiografías tienen tanto advertencias como ejemplos de los cuales podemos aprender. Los ejemplos nos muestran las vidas de las personas que son bueno ejemplos y cuyas filosofías y consejos debemos seguir. Las historias que advierten revelan lo que no debemos hacer. Estas personas echaron a perder sus vidas; las desecharon. Es vitalmente importante ver ambos lados de cada escenario. Si la historia de tu vida se llegue a escribir, asegúrate de que sirva de ejemplo, no de advertencia.

Siempre recuerda cuán importante es el equilibrio. Ten un equilibrio de las biografías y autobiografías de las personas malvadas así como buenas. Necesitas un libro acerca de Gandhi, y necesitas un libro acerca de Hitler. Uno puede ilustrar cuán alto y compasivo puede un ser humano llegar a ser. Y el otro puede mostrar cuán bajo y despreciable puede un humano llegar a ser. Tenemos que ser conocedores de ambos lados de los escenarios de la vida.

CONTABILIDAD

La siguiente categoría es la contabilidad. Es mejor tener cuando menos unos cuantos libros con un vistazo básico de contabilidad. Por ejemplo, conocer la diferencia entre un débito y crédito es fundamental.

DERECHO

No tienes que ser abogado, pero necesitas conocer acerca de contratos y qué firmar y qué no firmar. Necesitas tener buen consejo legal, cómo prevenir en vez de lamentar. Todos necesitamos conocimiento básico de la ley, especialmente durante estos días complicados y litigiosos. Aprendí esto de la manera difícil.

Una compañía quería que se les prestara dinero... hace mucho tiempo en Canadá. El banquero dijo: "Pues sí, le prestaremos a la compañía el dinero, si el Sr. Rohn firma personalmente". Yo quería ser el héroe y sabía que la compañía podía volver a pagar el cuarto millón de dólares. Así que firmé sin ningún problema. Y tal como sabía, dentro de menos de un año, pagaron toda la duda. Yo ahora era héroe.

Alrededor de un año después, esta compañía se vio en dificultades financieras y regresó al banco y otra vez consiguieron prestado un cuarto de millón de dólares. Pensé: *Ojalá no suene mi teléfono, porque esta vez no voy a firmar el documento*. Yo sabía que estaban con serios problemas. Sabía que probablemente iban a terminar en la bancarrota. Mi teléfono nunca sonó; quedé libre. Y tal como me supuse, dentro de menos del año, la compañía quedó en la bancarrota, sin poder pagar.

Pero luego me llega una carta del banco que dice, "Estimado Sr. Rohn, como la compañía no puede cumplir con su obligación y pagar el cuarto de millón de dólares, y como tenemos su garantía personal, por favor, ¿nos envía su cheque por un cuarto de millón de dólares?"

Mi respuesta: "Espere. Debe haber algún error aquí. Yo firmé el primer documento, y ellos pagaron toda la deuda. Yo no hubiera firmado el segundo documento. De hecho, no firmé el segundo documento". Lo que yo no sabía era que yo originalmente había firmado una "garantía continua". Así que aprendí de la manera difícil lo que significa "continua" en jerga legal.

Te estoy pidiendo que estudies un poco de derecho. Entérate de qué firmar, cómo defenderte. Di: "Luego respondemos". No firmes demasiado pronto. Debes entender bien todas las cláusulas de un documento.

Sé un buen estudiante. No seas flojo en aprender cómo defenderte, cómo alimentarte. Aprende cómo crecer, así como cuidar a tus amigos e identificar a tus enemigos. Tienes que seguir aprendiendo. Eso es lo que tu biblioteca hace para ti. Indica que eres un estudiante serio en lo que concierne a todos los aspectos de la vida: incluyendo tus relaciones familiares y empresariales, tus dones y talentos, tu economía, y todo lo demás.

TUS DIARIOS PERSONALES

Earl Shoaff me dijo: "Sr. Rohn, no solo seas un estudiante, sino que las buenas ideas que desarrollas de los libros que lees las debes grabar en un diario separado. Anota todo. No confíes en tu memoria. Si en serio quieres llegar a ser rico y poderoso y sofisticado y sano, singular y con salud, influencia y cultura, mantén un diario. No confíes en tu memoria. Si escuchas algo valioso, anótalo. Si te encuentras con algo, anótalo".

NO CONFÍES EN TU MEMORIA

Yo solía anotar en trozos de papel arrancados de las esquinas y el reverso de los sobres viejos. Tomaba apuntes en manteles individuales de restaurantes, en hojas largas y estrechas y en pequeñas hojas de papel y en trozos que encontraba tirados en un cajón. Después de todo eso, me di cuenta de que la mejor manera de tomar apuntes era en un diario. Tal y como me había dicho mi mentor.

He estado guardando diarios desde la edad de 25 años. Escribir en un diario ha sido una parte valiosa de mi propio aprendizaje, y los diarios han llegado a ser una parte valiosa de mi biblioteca. Mis propios diarios ahora forman una buena porción de mi propia biblioteca.

Estoy tratando de lograr que la juventud haga lo que yo hago. Sé comprador de libros vacíos. Los muchachos los encuentran interesantes. Yo compraría un libro vacío. Especialmente durante esta etapa de mi vida. ¿Qué pagaría por uno? En una ocasión pagué $USD26 por uno. Los muchachos preguntan: "¿$26 por un libro vacío? ¿Por qué haría eso? Pues, la razón por qué pagué $26 fue para presionarme y ver si yo podía poner algo que valía $26 en sus páginas.

Te digo, mis diarios son privados. Pero si llegas a tomar uno de mis diarios, no tendrías que leer mucho antes de que dijeras, esto vale más de $26. Tengo que admitir, si tuvieras un vistazo de los diarios del Sr. Rohn, tendrías que decir que él es un estudiante serio. No solo comprometido con su arte, sino comprometido con la vida. Comprometido con las habilidades, comprometido con el aprendizaje. Para ver qué puedo hacer con una semilla, y tierra, y sol y lluvia, y milagro y posibilidades y volcarlos en equidades de la vida y el tesoro, relaciones familiares, empresa, ventas, administración, y muchos regalos. Todo lo que quieres, todo está disponible, especialmente en los Estados Unidos. Te estoy pidiendo, guarda un diario. Yo lo llamo uno de los tres tesoros que hay que dejar aquí. Permíteme darte eso.

Un rápido desvío: Tengo la intención de dejar tres tesoros como mi legado: 1) Mis fotos; 2) mi biblioteca; 3) mis diarios. Te animo a dejar esa clase de legado también.

El primero de mi tesoro de legados son mis fotos. Te animo a tomar muchas fotografías. ¿Alguna vez te has puesto a mirar las fotos de tu familia desde dos o tres generaciones atrás? En aquellos tiempos, tendían a ser solo unas cuantas fotos. Solo piensa lo divertido que será para las futuras generaciones si dejas muchos álbumes de fotos con miles de fotografías que ayudan a contar la historia de tu vida.

Una foto todavía vale mil palabras. No seas flojo en capturar eventos. Solo toma una fracción de un segundo para capturar un evento. ¿Cuánto tiempo se requiere para perderse de un evento? Una fracción de un segundo. ¿Estás cometiendo errores de juicio, de autodisciplina? Planea tomar muchas fotos. Ayuda a contar la historia. No lo lamentarás. Clic, clic, ¡hecho!

Fui a Taipéi, Taiwán, para dar una charla en el Gran Hotel. Realmente es un lindo lugar donde presentar un seminario de fin de semana. Había mil estudiantes. Adivinen cuántas cámaras. Mil cámaras. Todos trajeron sus cámaras. No se querían perder del evento. Tomaron muchas fotos. Requirió más de mi tiempo para posar para las fotos que ellos querían tomar, que me tomó para presentar la charla. "Aquí está mi nuevo amigo norteamericano". Clic clic, guárdala. Hecho está. Mil palabras, cada una. Qué escena. No te pierdas ninguna oportunidad de tomar fotos. Cuando te hayas ido, tus fotos contarán tu historia.

Luego, tu biblioteca será también parte de tu legado. La biblioteca que recopilaste te enseñó, instruyó, te ayudó a defender tus ideales y desarrollar tu filosofía. Tu biblioteca te ayudó a llegar a ser rico y poderoso y sano y sofisticado y único. Tu biblioteca posiblemente te ayudó a conquistar una enfermedad. Tu biblioteca te ayudó a conquistar la pobreza y te ayudó a abandonar el sector pobre de tu ciudad. Tu biblioteca alimentó a tu mente y alma.

Deja una excelente biblioteca para tu familia y otros para que aprendan y sean alimentados por ella. Uno de los mejores regalos que puedes dejar es tu biblioteca. Cada libro es un peldaño que te aleja más de la oscuridad y te introduce a la luz. Tu biblioteca. Deja tus libros—son mucho más valiosos de lo que te puedes imaginar ahora

CADA LIBRO ES UN PELDAÑO QUE TE ALEJA MÁS DE LA OSCURIDAD Y TE INTRODUCE A LA LUZ.

Y el tercer tesoro en tu legado son tus diarios. Las ideas que recopilaste. Los apuntes que tomaste en los seminarios. Lo que escribiste después de tener una conversación inspiradora. Dondequiera que encontraste una ocasión para reunir algo valioso y apuntarlo, esas son las bases de tu filosofía. Grabar tus pensamientos e ideas para que las puedas reunir ves tras vez solidifica el concepto y el camino adelante. La repetición es la madre de la capacidad. Lee tus diarios una vez más. Aprende de ellos otra vez. Ve si puedes ajustarlo una vez más a la situación actual. Permite que sea tu mentor continuamente.

Las palabras te pueden tirar para abajo o levantarte, inspirarte. Por ejemplo, si escucharas una canción muy bonita y su letra te conmoviera, no hay duda de que querrías escucharlo de nuevo. Desearías permitir que las palabras te alimenten, instruyan, enseñen o simplemente alegren. Algunas canciones te llevan sobre las alas de una travesía emocional. Quieres hacerlo vez tras vez, ¿verdad? La respuesta es sí.

Una de las mayores pruebas de que fuiste estudiante serio será el tiempo meticuloso y el esfuerzo que hiciste para seguir escribiendo en tus diarios durante tu travesía. Sé estudiante de tu propia vida, tu propio futuro, tu propio destino. Sé estudiante por suficiente tiempo para tomar apuntes y guardar un diario. Estarás contento de que lo hiciste. Qué tesoro para dejar. Guau.

Carmel, California, es uno de mis lugares favoritos. Es donde escribí mi primer libro, Las estaciones de la vida. Un domingo por la mañana asistí a cierta iglesia por primera vez. Había probablemente 150 personas. El pastor compartió un sermón clásico esa mañana; uno de los mejores que he escuchado en toda mi vida. Yo no podía creer que estaba allí para escucharlo. Era tan preciso, tan singular, tan poderoso. Tenía conmigo mi diario, así que mientras predicaba el sermón, tomé apuntes.

¿Adivina cuántas más personas estaban tomando apuntes? Adivina un aproximado. ¿Cuántas te supones? Pues, por lo que yo vi, yo era el único tomando notas de este sermón clásico maravilloso.

Porque yo era un extraño en el pueblo y estaba asistiendo a la iglesia por primera vez, las personas comenzaron a mirarme y susurrar entre sí: "¿Quién es? ¿Qué está haciendo?" Comencé a sentirme un tanto incómodo. Pero seguí escuchando al pastor y escribiendo.

Luego me sentí como espía, especialmente cuando pude oír a la gente decir: "Se va a salir de aquí con algo de lo que el pastor está diciendo". Y así lo hice. Eso es lo que hice. Soy el único tipo que salió de allí con el maravilloso mensaje que se presentó ese día.

Ahora te pido que no seas menos sincero ni menos comprometido con el avance de tu filosofía, con el despliegue de tu vela. Nunca te arrepentirás, sino que te regocijarás en tus bendiciones.

NOTAS

1. Mateo 4:4 Nueva Versión Internacional

2. Los títulos de todos los libros que menciono en este capítulo y otros están disponibles en diversos sitios del internet, donde se pueden comprar como libros impresos, libros electrónicos, audiolibros y algunos en forma PDF.

4

DESARROLLO PERSONAL

Los seres humanos tienen la habilidad singular de trascender y transformar su propia naturaleza por medio de su propia elección consciente: este es el proceso del desarrollo personal. A través de la aplicación diligente de disciplinas para el éxito y la administración de las estaciones de la vida, cambios milagrosos están a tu alcance.

> **EL DESARROLLO PERSONAL—**
> **LA HABILIDAD DE UNA PERSONA DE**
> **TRASCENDER Y TRANSFORMAR SU**
> **NATURALEZA POR MEDIO DE UNA**
> **ELECCIÓN CONSCIENTE.**

A la edad de 25, algo de lo que el Sr. Shoaff me enseñó me vino pronto y fácilmente; por ejemplo, fijar metas me fue fácil. Hablaremos acerca de eso más adelante, pero el desarrollo personal fue algo con lo cual luché. Era difícil para mí abandonar mi lista de culpables.

Era tan cómodo para mí culpar al gobierno, a mis familiares negativos, la compañía y sus normas, los sindicatos, la escala de salarios, la economía, las tasas de interés, los precios, las circunstancias, y todo eso. Esa fue la mentalidad que fue difícil para mí cambiar. Tuve que hacer una transición considerable.

Pero el Sr, Shoaff me dio un consejo muy, muy importante. Y ahora lo estoy compartiendo contigo. Me dijo: "No es lo que ocurre lo que determina la mayor parte de tu futuro. Lo que ocurre nos ocurre a todos. La clave es lo que haces con ello. No es lo que ocurre: es lo que haces con ello".

Siguió: "Para comenzar el proceso de cambio, tienes que hacer algo diferente a lo que has hecho los últimos 90 días. Tienes que hacer algo diferente los próximos 90 días tales como comprar y leer libros, comprometerte a nuevas disciplinas de la salud, renovar relaciones con tu familia; sea lo que sea, comiénzalo hoy. No importa qué tan pequeño sea el cambio. Cuando comienzas a hacer cosas diferentes dentro de las mismas circunstancias, te puedes cambiar a ti mismo, puedes cambiar tu filosofía para mejor".

Y luego me dio otro secreto al éxito cuando dijo: "Lo que tienes en el momento, Sr. Rohn, lo has atraído por la persona que has llegado a ser". Y repitió la misma afirmación: "Lo que tienes en este momento, lo has atraído por la persona que has llegado a ser".

Hay unos pocos pero profundos principios en lo que me dijo. Una vez que comprendas cada uno, explica tanto de la vida. A veces es un poco difícil echarte la culpa a ti mismo en vez de culpar al mercado, aceptar la responsabilidad personal en vez de echarle la culpa a alguien más. Esa transición a veces es una misión desafiante; fue un poco difícil para mí.

El Sr. Shoaff dijo: "Sr. Rohn, tienes solo centavos en tu bolsillo. No tienes nada en el banco. Te están llamando los acreedores. Estás atrasado con tus promesas". Y luego dice: "Así es como eso ocurre. Hasta ahora, has atraído esas circunstancias debido a la persona que has llegado a ser".

Pregunté: —Pues, ¿cómo puedo cambiar todo eso?

Él dijo: —Muy sencillo. Si tú cambias, todo cambiará para ti. No tienes que cambiar lo que está afuera. Lo único que tienes que cambiar es lo que está adentro. Para tener más, simplemente tienes que llegar a ser más.

Y luego dijo: —No desees que fuera más fácil. Desea que seas mejor. No desees menos problemas, desea más habilidades. Empieza a trabajar en ti mismo, haciendo estos cambios personales; y luego todo cambiará para ti.

MEJOR Y MEJOR

Así que ahora hablemos algo del desarrollo personal, esa aventura extraordinaria que inicié a la edad de 25 y nunca dejé de hacer. Quiero mejorar y mejorar. Quiero que mi arte mejore, mis operaciones empresariales, mejoren, las cosas que hago mejoren; porque una vez que capté esta sencilla fórmula, es fácil descubrir dónde está el problema si trabajas sobre ello.

Cuando ayudo a los muchachos entender el desarrollo personal, siempre comienzo con el dinero como ejemplo. El dinero sin duda no es el único valor, pero el dinero es algo que podemos contar y casi toda persona tiene interés en el dinero. Para ver si posiblemente haya errores en tu juicio y falta de disciplinas en tu vida, viene bien comenzar con el dinero y ver si le hemos errado o no.

Así que cómo se lo explico a los muchachos. Nos pagan por traer valor al mercado. La clave para entender la economía es que nos pagan por traer valor al mercado. "Mercado" se describe como realidad. Requiere de tiempo para traer valor al mercado, pero no nos pagan por el tiempo; nos pagan por el valor. Ese es un concepto muy importante para que los muchachos entiendan; y también los adultos: no nos pagan por el tiempo.

ASÍ QUE, NO NOS PAGAN POR EL TIEMPO; NOS PAGAN POR EL VALOR.

Erróneamente, posiblemente alguien diga: "Pues, yo estoy ganando alrededor de $20 por hora". No, no es cierto. Si eso fuera cierto, simplemente te podrías quedar en casa y que tu jefe te enviara tu dinero. No, así no es cómo funciona. No te pagan por la hora. Te pagan por el valor que le das a esa hora. Así que no nos pagan por el tiempo, nos pagan por el valor.

Porque eso es cierto, aquí está una de las preguntas clave de este capítulo. ¿Es posible llegar a ser el doble de valioso y ganar el doble del dinero en la misma cantidad de tiempo? ¿Es posible? ¡Claro que sí! Lo único que tienes que hacer para ganar más dinero en la misma cantidad de tiempo es llegar a ser más valioso.

Los Estados Unidos de América es singular. En un mundo de trabajar día a día, hay una escalera que ascender, y el peldaño más bajo en la mayoría de los estados es el sueldo mínimo que es alrededor de $8 por hora.

Algunos piensan que eso es demasiado bajo; pues posiblemente. Si te vas a quedar en la parte más baja de la escalera por el resto de tu vida, probablemente debiera ser más; pero esa es una forma un tanto lamentable de vivir. Oye, todo el panorama de la vida es comenzar en la parte baja y trabajar duro para llegar a ser más valioso, incrementando tu valor a lo largo de tu travesía. Entre más valioso llegues a ser, más alto llegas a ascender en la escalera.

Roger A. Iger, presidente ejecutivo de la compañía Walt Disney, ganó 47,5 millones de dólares en 2019.[1] ¿Por qué una empresa pagaría a alguien casi 48 millones de dólares por un año de trabajo? Y la respuesta es, por supuesto, que ayudó a la compañía a ganar 11 mil millones de dólares en el año.[2] Se ha vuelto muy valioso.

Así que, ¿por qué a algunas personas solo se les pagaría $8 la hora? La verdad es porque no son muy valiosos para el mercado. Ahora, tenemos que hacer la distinción "al mercado". Esas mismas personas bien pueden ser muy valiosos como cónyuges, padres, madres, hermanos, hermanas, valiosos miembros de la comunidad, miembros de una iglesia, miembros valiosos de la familia humana a los ojos de Dios. Por supuesto que esa clase de valores son importantes; pero para el mercado, lo cual se llama realidad, si no eres valioso, no recibes mucho dinero. Esos son los hechos. Así es.

Así qué: ¿cómo haces para que te paguen más dinero? Te haces más valioso... en el mercado. Respuesta sencilla.

Puede que alguien diga: "Pues, me pondré de huelga para que me paguen más". Hay un grave problema con ese pensar. No puedes enriquecerte por demandarlo. A nadie se le pagará más si no contribuye más. Otra persona posiblemente diga: "Pues, simplemente voy a esperar a que me den un aumento de sueldo". Otra vez, esa es una forma de pensar errónea. No puedes conseguir más si no vales más. Es más fácil ascender la escalera por tu propia cuenta que esperar a que te den un aumento. Puedes llegar a ser más valioso mientras esperas. La clave a todas las cosas buenas es llegar a ser más valioso: mejorarte.

LLEGA A SER MÁS VALIOSO

¿Por qué se le pagaría a alguien $400 la hora? Porque ha llegado a ser valioso para el mercado. ¿Ves cómo funciona? En realidad es tan fácil. Este es un país donde todos tienen la oportunidad de subir por la escalera. Si trabajas en McDonalds sacando la basura, te pagarán $8 la hora. Si silbas mientras sacas la basura, te pagarán $9 la hora. Te darán el dólar extra por tu buena actitud. Aprende a trabajar en la cocina y ganarás más por hora. Entrénate para ser gerente y ganarás más dinero. Decide comprar una franquicia de McDonalds, y te estás volviendo más y más valioso en el mercado.

Recibí una llamado por teléfono hace algunos años y un representante de una compañía me dijo: "Estamos listos para expandir internacionalmente y necesitamos algo de ayuda". Yo ya estaba medio jubilado entonces, solo buscando la siguiente playa exótica para disfrutar. La persona dijo: "No, no, Sr. Rohn; tenemos un proyecto para usted. Vamos a expandir internacionalmente. Podríamos usar su ayuda". Después de una pausa, dijo: "Agregaremos algunos millones a su fortuna; haremos que valga su tiempo".

Dije: "Está bien". Pensé después: *¿No es interesante que me llamaran?* Mi segundo pensamiento fue: *Claro que me llamarían. ¿A quién más llamarían? Puedo hacer lo que se requiere.*

¿Por qué recibí una llamada que valía millones? Me había vuelto valioso. Soy un muchacho de una granja de Idaho, criado sin que nadie me conociera. Un año de universidad y yo pensaba que estaba muy bien preparado, pero cometí toda clase de errores. A la edad de 25 años, los acreedores me estaban llamando, diciendo: "Oiga, usted nos dijo que el cheque ya venía en camino". Solo tenía centavos en mi bolsillo; nada en el banco. Así que, ¿cómo es que recibí una llamada que valía millones?

Cambié. Transformé mi vida. Escogí pensar de manera diferente, cambiando mis prioridades.

¿Es posible llegar a valer millones? Existen muchos valores a los que uno puede llegar, pero hablemos de economía. ¿Es posible llegar a ser tan valioso así? La respuesta es sí, por supuesto. ¿El secreto? El Sr. Shoaff me dijo: "Aquí está el secreto, Sr. Rohn. Aprende a trabajar más duro en ti mismo que lo que estás trabajando en tu empleo". Una vez que asimilé la verdad de esa premisa, mi vida dio un giro.

"APRENDE A TRABAJAR MÁS EN TI MISMO QUE EN TU EMPLEO".

Dijo: "Si trabajas duro en tu trabajo, te ganarás la vida. Si trabajas duro en ti mismo, puedes hacer una fortuna". Vaya. Sé que lo has leído antes en el libro, pero merece la pena volver a leerlo.

Si me hubieras conocido a la edad de 25, hubieras dicho: "Jim Rohn es trabajador duro. Es un tipo a quien no le importa ir a trabajar un poco temprano y permanecer un poco tarde".

Aunque yo trabajaba duro en mi trabajo, no estaba trabajando duro en mí mismo. ¿El resultado? Centavos en mi bolsillo. Si te permites asimilar ese principio sencillo y empiezas todo el proceso del desarrollo personal para trabajar en ti mismo, haciéndote más valioso en el mercado, puedes cambiar tus ingresos dinámicamente. Y la economía es el menor de los valores que puedes comenzar a ganar en términos de capital.

EMPIEZA A TRABAJAR MÁS DURO EN TI MISMO QUE EN TU EMPLEO.

Trabaja duro para desarrollar habilidades. Trabaja duro para desarrollar las gracias. Trabaja duro para perfeccionar lo necesario para llegar a ser más valioso en el mercado. Luego toda tu vida puede explotar en cambio positivo. Ascensos, no hay problema. Llegar a ser más valioso para la compañía, no hay problema. Dinero, no hay problema. La economía, no hay problema. El futuro, no hay problema. Trabaja en ti mismo.

No trates de cambiar la semilla. No cambies la tierra. No cambies el sol. No cambies la lluvia. No cambies la mezcla de estaciones. Permite que el milagro de todo lo que está disponible trabaje para ti y empieza a trabajar en tu interior. Trabaja en tu filosofía. Trabaja en tu actitud. Trabaja en tu personalidad. Trabaja en tu lenguaje. Trabaja en el don de comunicación. Trabaja en todas tus habilidades. Y cuando hagas esos cambios personales, todo cambiará para mejor para ti.

CUATRO LECCIONES PRINCIPALES

Permíteme tomar algo de tiempo ahora y darte lo que pienso que son cuatro lecciones principales en la vida que son vitales de aprender. Es importante estudiar las cosas principales. ¿Alguna vez te has dado cuenta de que no les va bien a algunas personas porque se enfocan en las cosas menores? Te animo a que des una mirada al terminar la semana, el mes, el fin de cada año para asegurarte de que no estás pasando tiempo mayor en las cosas o los proyectos que son menores. Si lo estás haciendo, estás perdiendo tiempo valioso y terminarás con una vida menos de lo promedio.

Antes de entrar a las cuatro lecciones principales, hay dos frases que considerar. Primero: *la vida y los negocios son como el cambio de estaciones.* Esa es una de las mejores maneras de ilustrar la vida. Es como las estaciones que cambian. Frank Sinatra cantaba: "La vida es como las estaciones". La segunda frase: *No puedes cambiar las estaciones, pero te puedes cambiar a ti mismo.* Ahora, con esas dos frases clave en tu mente, las siguientes son cuatro lecciones principales en la vida que hay que aprender.

LECCIÓN PRINCIPAL NÚMERO UNO: APRENDE CÓMO MANEJAR LOS INVIERNOS.

Vienen justo después del otoño con regularidad. Algunas estaciones invernales son largas, otras son cortas. Algunas son difíciles, otras son fáciles, pero siempre vienen después del otoño. Recuerda: ese hecho nunca cambiará. Hay inviernos cuando no puedes resolver qué está pasando, cuando todo parece estar al revés, cuando todo sale mal. Llamamos esos tiempos los inviernos de la vida.

Un escritor lo llamó: "El invierno del descontentamiento". Hay inviernos económicos, sociales y personales cuando tu corazón se rompe en mil pedazos. Las desilusiones invernales son comunes para todos nosotros, así que aprende a manejar esos inviernos que sin duda te vendrán; como les vienen a todos los humanos. Tienes también que aprender cómo manejar las noches, que vienen inmediatamente después de los días. Tienes que aprender a manejar la dificultad, que siempre viene después de la oportunidad. Tienes que aprender a manejar las recesiones, que siempre vienen después de las expansiones. Esos son hechos que nunca cambiarán.

Así que la gran pregunta es ¿qué haces con los inviernos? Pues, no te puedes deshacer de enero solo con arrancarlo del calendario, pero aquí está lo que *sí puedes* hacer. Puedes hacerte más fuerte; te puedes volver más sabio, puedes hacerte mejor. Toma nota del trío de frases: más fuerte, más sabio, mejor. Los inviernos no cambian, pero tú sí puedes cambiar. Antes de que yo entendiera eso, cuando era el invierno, yo anhelaba que fuera el verano. Yo no entendía que tenía que aprender a administrar el invierno; porque esa es la estación que correspondía. Cuando era difícil, yo anhelaba que fuera fácil... yo no sabía que había una manera mejor.

Luego el Sr. Shoaff me dio la respuesta que formaba parte de su propia filosofía tan singular. Me dijo: "No anheles que fuera más fácil; anhela que seas mejor. No anheles menos problemas; anhela más capacidades. No anheles menos desafíos; anhela más sabiduría".

LECCIÓN PRINCIPAL NÚMERO DOS: APRENDE A APROVECHAR LA PRIMAVERA

A la primavera se le llama oportunidad, e interesantemente, la primavera sigue al invierno. Y dime, ¿con cuánta frecuencia es confiable? ¿Puedes confiar en que sucederá? Pues bien, así ha sido por los últimos 6.000 años de los cuales tenemos conocimiento, así que es bastante confiable. Y qué mejor lugar para la primavera, inmediatamente después del invierno. Dios es un genio.

De manera similar, los días siguen a las noches. La oportunidad sigue a la dificultad. La expansión sigue a la recesión. Todo con regularidad; puedes contar con ello; lo puedes aprovechar. Sin embargo, toma nota especial de la palabra: "aprovechar". Eso es lo que tenemos que aprender a hacer; aprovechar. Simplemente porque llegue la primavera, no hay ninguna señal de que te vas a ver bien en el otoño. Tienes que hacer algo con cada estación. De hecho, todos tienen que ser buenos en una de dos cosas 1)plantar en la primavera o 2)pedir limosna en el otoño.

Así que aprovecha el día; aprovecha la oportunidad de leer cada libro que puedas tener en tus manos, para aprender cómo aprovechar la primera. Y un pensamiento más: ponte ocupado rápidamente en tus primaveras, tus oportunidades. Solo hay unas cuantas primaveras que se nos han dado. La vida es breve; aun en las vidas más largas.

**LA VIDA ES BREVE,
AUN LAS VIDAS MÁS LARGAS.**

Los Beatles escribieron: "La vida es corta". Y para John Lennon en las calles de Nueva York, la vida abruptamente se tornó corta. Elton John canta: "Ella vivió su vida como una vela en el viento". La vida es frágil, la vida es breve. Sea lo que sea que vas a hacer con tu vida, comienza ahora. No permitas que las estaciones pasen, pasen, pasen.

LECCIÓN PRINCIPAL NÚMERO TRES: APRENDE CÓMO NUTRIR Y PROTEGER TODOS TUS CULTIVOS DURANTE TODO EL VERANO

Siempre pasa, tan pronto que hayas plantado en la primavera, los insectos incesantes y las maleza nociva están listos para apoderase de tus cultivos en la primavera. Así que aquí está el siguiente pedazo de verdad: Se apoderarán de ellos a menos que lo prevengas. Así que la tercera lección principal para aprender y la habilidad principal que aprender es evitar que el intruso se lleve lo que es bueno.

Considera estas dos frases claves bajo esta tercera lección:

1. *Todo lo bueno será atacado.*

En este planeta, todo lo bueno será atacado, y no me presiones para dar un porqué. Yo no participé de algunas de las primeras decisiones que se tomaron cuando el mundo fue creado, así que no sé por qué. Lo único que sé es que es cierto. Que la realidad sea tu mejor comienzo. Todo jardín será invadido, así que no creer eso es ser ingenuo.

2. *Todos los valores se tienen que defender.*

Los valores sociales, valores políticos, valores de amistad, valores del matrimonio, valores de la familia, valores empresariales. Se tiene que atender todo jardín durante el verano. Si no desarrollas esta habilidad, nunca acabarás con nada de valor.

LECCIÓN PRINCIPAL NÚMERO 4: APRENDE A COSECHAR EN EL OTOÑO SIN QUEJARTE

Acepta la responsabilidad completa por lo que te sucede. Una de las formas más altas de la madurez es aceptar toda la responsabilidad. Este es el día que habrás pasado de la niñez a la adultez: cuando aceptes toda la responsabilidad. Y luego aprende a cosechar en el otoño sin disculpas: sin pedir disculpas si te ha ido bien y sin quejarte si no. Esa es la mejor forma de madurez humana. No estoy diciendo que sea fácil. Estoy diciendo que es lo mejor.

LAS RESPUESTAS ESTÁN DENTRO DE TI

Hay una canción espiritual que tiene su origen entre los afroamericanos que dice: "No es mi padre ni mi madre, ni mi hermano, ni mi hermana, sino soy yo, Señor, con necesidad de oración". Yo antes le echaba la culpa a todo fuera de mí por la falta de progreso, hasta que descubrí que el problema estaba dentro de mí. Por una gran parte de mi vida, buscaba las respuestas para tener éxito en lo exterior, y luego descubrí que las respuestas ya estaban dentro de mí.

El éxito no es algo que persigues. El éxito es algo que llegas a ser. No es lo que sucede lo que determina la calidad o la cantidad de tu vida. Casi todo lo que sucede en la vida les sucede a todos. El sol se puso para todos nosotros anoche; es un evento común. Pero... lo mismo les puede suceder a dos personas diferentes y uno se enriquece y el otro permanece pobre. ¿Por qué sucede así? No es debido a lo que sucede, sino más bien debido a lo que haces con lo que sucede.

> **NO ES LO QUE SUCEDE; ES LO QUE HACES CON ELLO LO QUE HACE LA DIFERENCIA EN CUANTO A CÓMO RESULTA TU VIDA.**

Esa es una frase importante para tus apuntes escritos y notas mentales. No es lo que sucede; es lo que haces con ello lo que hace la diferencia en cuanto a cómo resulta tu vida. Lo que sucede es más o menos igual para todos. Es lo que la gente hace como un resultado de lo que sucede lo que hace la diferencia. Cualquier cosa puede suceder, ¿correcto? He escuchado cientos de historias de éxito. Oye, yo soy una de esas historias. Podríamos todos contar historias por días sin fin. Cualquier cosa puede suceder.

Probablemente has escuchado de "La ley de Murphy". Sin duda la has escuchado. La Ley de Murphy dice: "Todo lo que pueda salir mal, saldrá mal". Cualquier cosa puede pasar. Personalmente, me he caído del cielo, por así decirlo, muchas veces; una vez con una pérdida de dos millones de dólares. Fue devastador; me llevó un tiempo superarlo.

No era tanto, pero era todo lo que tenía. Eso es mucho, ¿verdad? Cuando pierdes algo de lo que tienes, no está tan mal, pero cuando lo pierdes todo; eso está mal. Posiblemente hayas tenido una experiencia similar. Hace mucho tiempo cuando se te acabó el dinero y quedaste en cero, pensaste que ya todo se te había acabado. Vaya, ahora puedes silbar mientras rebasas el cero, ¿verdad?

Las cosas suceden. Todos experimentan los mismos sucesos. Puede alguien decir: "Sí, pero no comprendes las desilusiones que he tenido". Mira, cada persona ha tenido desilusiones. Las desilusiones no son regalos especiales reservados para los pobres. Todos las tienen. La pregunta es: ¿qué vas a hacer con ellas?

NOTAS

1. Madeline Berg, "Bob Iger, Entertainment's Highest-Paid Executive…" *Forbes*, Marzo 30, 2020; https://www.forbes.com/sites/maddieberg/2020/03/30/disneys-bog-iger-entertainments-highest-paid-executive-forgoes-salary-amid-coronavirus-pandemic/?sh=37a6dd1d5ce1; accedido el 16 de octubre, 2021.

2. *Macrotrends*, "Disney Gross Profit 2006-2021"; https://www.macrotrends.net/stocks/charts/DIS/disney/gross-profit#:~:text=1%20Disney%20gross%20profit%20for%20the%20quarter%20ending,a%2021.92%25%20decline%20from%202019.%20More%20items...%20; accedido el 16 de octubre, 2021.

5

EL PROCESO

Aunque el proceso de cambio personal es sencillo de explicar, no es fácil de ejecutar. Implica soltar limitaciones autoimpuestas y dar igual atención a cada parte de nuestra naturaleza. En este capítulo seguimos nuestra discusión del proceso de milagros que llamamos el desarrollo personal.

Mientras hablamos del desarrollo personal y soltar limitaciones, entraremos a una variedad de temas amplios, cada uno refiriéndose a lo que considero limitaciones autoimpuestas que nosotros mismos nos ponemos.

Primero—la procrastinación. La procrastinación es especialmente amenazante para la vida excepcional. Cuando postergamos algo, en el momento no parece ser tan importante. Al terminar el día, si has dejado algunas pocas cosas pasar, no parece ser un día tan malo. Sin embargo, suficientes de esos días causarán un año desastroso y eventualmente una vida desastrosa.

Nuestra falta de habilidad de enfrentar la tendencia natural de procrastinar sin dudar causará que terminemos vagando en la dirección equivocada. Antes de que llegues al final de este libro, habrás abandonado la procrastinación. Además, estarás demasiado emocionado con a dónde vas como para posponer las actividades que te están conduciendo a tal lugar.

La segunda limitación autoimpuesta es culpar. De cuando en cuando, todos han culpado a otros por sus problemas. De hecho, la tendencia de culpar a alguien tiene su origen hace mucho, mucho tiempo. Cuando solo había dos personas sobre la tierra, no tardaron mucho antes de estar echando culpas. El hombre dijo que era la culpa de la mujer, y la mujer culpó a la serpiente.

Echar culpa parece ser una tendencia negativa que viene naturalmente: es el ego haciendo todo lo que puede para defenderse. Recuerdo la lista que inventé para explicar por qué no me iba tan bien. Un elemento alto en mi lista era los precios. Le dije al Sr. Shoaff que mi problema era que todo costaba demasiado. Sin embargo, él pronto me puso en claro las cosas: "Sr. Rohn, ese no es el problema. Permíteme decirle el verdadero problema. No puedes tienes suficiente dinero".

Si sigues tratando con "es que..." como en: es que es demasiado caro; es que requiere demasiado tiempo, es que es demasiado lejos, etc., siempre te encontrarás sin dinero, sin gozo y desilusionado porque nunca tendrás suficiente. No trates con los "es que..." trata contigo mismo. Cuando por fin aprendí a cambiar mi pensamiento de "es que..." a mí mismo, cambié toda mi vida para mejor.

Qué experiencia más transformadora fue finalmente conocer a alguien que no tardó en poner la culpa sobre mí o mi tendencia de consentirme con la procrastinación. Sin duda alguna, es un día que destaca cuando conoces a alguien que ha aprendido a atacar, de manera capaz y cuidadosa, el mismo problema que ha impedido que te vaya bien, te ha mantenido por debajo de tu potencial, o te ha mantenido fuera de equilibrio en cuanto a tu propio potencial. Es fácil confundir las apariencias con la realidad, confundir los síntomas con la verdadera causa.

La tercera tendencia negativa que quieres eliminar son los pretextos. Adivina cuantos pretextos tenemos. Un millón, y en el curso de una vida, probablemente los usaremos todos, a menos que alguien por fin venga y deshaga todos esos pretextos, forzándonos a enfrentar cara a cara las verdaderas razones de nuestro dilema actual. Hasta ese momento, probablemente seguiremos usando otro millón de pretextos para impedir que tengamos un millón de dólares.

La siguiente es una de las preguntas principales que te presento a través de este libro: *¿Qué vas a comenzar a hacer hoy mismo que hará una diferencia en cuanto a cómo resulte tu vida?* Buena pregunta, ¿verdad? ¿Qué vas a hacer?

Si no haces algo que hará una diferencia comenzando hoy mismo, ¿adivina qué? Cada día será el mismo. Puedes saber cómo serán los próximos cinco años al simplemente mirar los últimos cinco. Los próximos cinco serán como los últimos cinco a menos que pases por el proceso del desarrollo personal, el cual incluye hacer cambios.

Ahora, aquí está otra pregunta clave: *¿Qué puedes hacer hoy que marcará una diferencia?* Esa es otra buena pregunta. ¿Qué puedes hacer? ¿Qué puedes hacer con el caos económico? ¿Qué puedes hacer con la desilusión masiva cuando todo ha salido mal? ¿Qué puedes hacer cuando no funciona? ¿Cuando se te ha acabado el dinero? ¿Cuando no te sientes bien y todo se ha amargado? ¿Qué puedes hacer?

¡PUEDES HACER COSAS INCREÍBLES!

Te daré la respuesta amplia primero. Puedes hacer cosas asombrosas, pase lo que pase. Oye, la gente puede hacer cosas increíbles. Un hombre puede hacer las cosas más asombrosas ante la mayoría de las circunstancias imposibles. Una mujer puede hacer las cosas más asombrosas ante las circunstancias más desastrosas. Y los chicos pueden hacer cosas asombrosas; si tienen cosas asombrosas que hacer, ¿quién sabe qué es lo que harán?

Los humanos pueden hacer cosas asombrosas porque ellos son asombrosos. No son perros, animales, peces, pájaros, amebas. Los humanos son diferentes de todas las demás creaciones. Cuando un perro comienza con hierbas, termina con hierbas porque es un perro.

Pero ese no es el caso con los seres humanos. Los humanos pueden convertir las hierbas en jardines. Esa es la diferencia principal entre los humanos y los perros. Los humanos pueden cambiar la nada en algo. Centavos en una fortuna, el desastre en éxito.

EL CAMBIO ES POSIBLE

Así que, por qué no te estiras hasta lo más profundo de tu ser para luego salir con algunos dones humanos asombrosos. Están esperando ser descubiertos y empleados. Y con esos dones puedes cambiar cualquier cosa que desees cambiar. Te desafío a hacer eso. Si no te gusta cómo la vida es para ti, cámbiala. Si no es suficiente, cámbiala. Si no te conviene, cámbiala. Si no te agrada, cámbiala. Si no te gusta tu dirección actual, cámbiala. No eres un árbol.

Y te desafío a darte cuenta de que en verdad puedes hacer cambios en tu vida. No tienes que ser el mismo después de hoy. Solo por tu propia elección sigues siendo el mismo.

Para que el proceso de cambio avance y llegue a ser una parte fundamental de tu filosofía personal, simplemente pronunciarlo no será suficiente. Es más que eso. Y requiere mucho más entusiasmo. Te puedes emocionar mucho con la idea de levantar un pesa de 90 kilos, hasta que llegues al gimnasio. Luego necesitas nueva emoción. Y la nueva emoción es la disciplina.

La disciplina es el paso principal que se necesita para que los humanos progresen. Si hay una cosa por la cual emocionarse, es esta. Emociónate con tu habilidad de obligarte a ti mismo a hacer las cosas necesarias para obtener un resultado deseado. Esa es verdadera emoción, no pánico optimista.

NO TE CONFORMES CON MENOS

Comenzando hoy, ¿qué puedes hacer que hará una gran diferencia en tu vida? Respuesta, no hay límite. No está en duda lo que podemos hacer. Lo que podemos hacer es fantástico. Lo que podemos hacer es increíble. Lo que podemos hacer y lo que de hecho terminamos por hacer son dos cosas diferentes. Cuando nos conformamos con algo que es menos que asombroso, causa desilusión.

Recuerda, la pregunta principal acerca de tu empleo no es: "¿Qué estoy consiguiendo?" La pregunta principal que hacerte es: "¿En qué me estoy convirtiendo?" Lo que llegamos a ser es lo que conduce a todas las buenas cosas y los buenos hábitos que formamos: hábitos de la mente, la actitud y el comportamiento son partes dominantes de lo que estamos llegando a ser.

Ahora, comprendo tan bien como cualquier otra persona que formar nuevos hábitos no nos viene fácil, pero los buenos hábitos vendrán más naturalmente con los cambios que quieres hacer en tu plan de desarrollo personal. El cambio por lo general no sucede en una explosión catastrófica, sino en pequeñas piezas y partes a la vez.

SIGUE IMPULSÁNDOTE EN LA DIRECCIÓN CORRECTA.

Creo que así es cómo cambiamos la mayoría de nosotros. Nos seguimos impulsando en la dirección correcta, formando uno o dos nuevos hábitos a la vez, poco a poco hasta que finalmente hacemos el giro. Y de ahí viene la vida excepcionalmente buena, la determinación y la disciplina.

No hay nada que puedas hacer con las estaciones, pero todo lo podemos hacer con nosotros mismos. No anheles que cambien los inviernos. Anhela que tu propia actitud, fuerza y capacidades cambien a fin de poder manejar los inviernos.

El inventor más grande de los Estados Unidos, Thomas Edison, dijo: "El éxito es 10 por ciento inspiración y el 90 por ciento transpiración". Anhelar poder cambiar es el comienzo, pero el anhelo se tiene que traducir en actividad: y la inspiración y afirmación tienen que conducir a la disciplina. Podemos afirmar que vamos a cambiar, pero tenemos que tomar acción para formar nuevos hábitos y desarrollar nuevas disciplinas para que la afirmación llegue a ser cierta. Asegúrate de que tus actividades no van en la dirección opuesta de tu afirmación.

EL DESARROLLO FÍSICO Y ESPIRITUAL Y MENTAL

Ahora examinemos unas cuantas partes importantes más del desarrollo personal que conducen a vivir una vida excepcional.

FÍSICO

Cuídate bien. No descuides tu cuerpo físico. La Biblia de hecho dice que debes tratar tu cuerpo como un templo. Esa es una buena frase, una buena sugerencia. Trata tu cuerpo como un templo; no como una leñera. Es el único lugar donde actualmente vives; no lo abuses.

Mi madre estudió nutrición y me pasó a mí esa buena información y estilo de vida sana a mí, mi padre, mis hijos, mis nietos. Y qué legado nos dejó: aprender a cuidar de nuestros seres físicos con los alimentos y las bebidas que consumimos. A algunas personas no les va bien porque no se sienten bien. Tienen los dones y los talentos para ser exitosos, pero cuando no comen alimentos sanos, a muy a menudo no tendrán la vitalidad para trabajar en un nivel óptimo. La vitalidad es una parte principal del éxito. Te insto a cuidarte bien con hábitos sanos.

LA VITALIDAD ES UNA PARTE PRINCIPAL DEL ÉXITO.

Conozco a un hombre que cría caballos de carrera y alimenta a sus caballos mejor que se alimenta él mismo. Tiene tanto cuidado con lo que alimenta a sus caballos. Tiene tanto cuidado con lo que consumen. Tiene tanto cuidado en asegurarse de que consigan todos los nutrientes que necesiten. Y gracias al cuidado extremo, son animales magníficos que pueden correr como el viento.

Por el otro lado, si este hombre sube un piso de escaleras, se queda sin aliento. Sus caballos corren como el viento y él solo puede subir unas cuantas escaleras. Este hombre cuida a sus animales mejor que a sí mismo. Y luego están esas personas que alimentan a sus perros mejor que a sus hijos. Trata a tu cuerpo como un templo; y los cuerpos de tus hijos también.

Tu apariencia física también es importante. Es cierto que nunca tendrás una segunda oportunidad para hacer una buena primera impresión.

Uno de los mejores consejos que puedo darte en cuanto a la apariencia viene de las antiguas escrituras, que dicen: "Dios mira el interior, pero la gente mira el exterior". Eso es bueno saber. Puede que digas: "La gente no debe juzgar a alguien basado en su apariencia". Pues, de todas maneras lo hacen. Y lo más probable es que tú lo haces también. No puedes enfocarte en los "deben" y "no deben" o te verás desilusionado el resto de tu vida.

Claro que cuando la gente te llegue a conocer, te juzgarás por más que lo que meramente ven, pero al principio solo te pueden juzgar en base a tu apariencia. Así que este es uno de los mejores consejos que te puedo dar: Asegúrate de que tu exterior refleje lo que está en el interior. Haz un hábito diario de verte y ser sano en el interior y exterior. Quizá agrega a tu biblioteca un par de libros sobre la nutrición. Sigue sano.

ESPIRITUAL

Otro componente de desarrollo personal es la parte espiritual. Tengo que admitir que soy un amateur en cuanto al lado espiritual. Sí creo que los seres humanos son más que una mera forma de vida avanzada, una especie avanzada del reino humano. Sí creo que los humanos son una creación especial. Esta es mi creencia personal y no estoy tratando de convencerte.

Pero de esto sí te quiero convencer: si crees en la espiritualidad de alguna manera, mi mejor consejo es estudiarla y practicarla. No descuides tus valores. No descuides tus virtudes. Si crees en la espiritualidad, mi consejo es que la estudies y practiques. No permitas que esta parte del desarrollo humano se pase sin estudiar. No lo dejes sin alimentar. Ese es mi mejor consejo en cuanto al lado espiritual de la vida.

SI CREES EN LA ESPIRITUALIDAD, MI CONSEJO ES QUE LA ESTUIDES Y PRACTIQUES.

MENTAL

El desarrollo personal incluye desarrollarse mentalmente. Aprende a estudiar, crecer, cambiar. De eso se trata la preparación, la educación. El desarrollo humano requiere tiempo; cantidades increíbles de tiempo. De hecho, es mejor dedicarse a aprender toda la vida. La tecnología en la "edad de la información" constantemente está cambiando y es vital mantenernos al corriente con lo que está disponible para usar para tu propio ventaja.

Por ejemplo, adivina cuánto tiempo tiene un ñu recién nacido en África para aprender a correr con la manada para que no se lo coman los leones. Adivina cuánto tiempo. ¿Te rindes? El recién nacido sólo tiene unos minutos. Tan pronto que nazca, un ñu trata de levantarse pero se cae. Su madre le da un empujón para que se levante de nuevo, pero se cae. Por fin, con las patas temblorosas, intenta mamar. La madre lo empuja y se aleja para que no pueda mamar. Ella sabe que el recién nacido tiene que usar sus patas para desarrollar su fuerza. Los leones, los leones, los leones.

Una y otra vez el recién nacido se levanta y se cae y se levanta e intenta amamantar pero es empujado. Mamá ñu sabe que no cuentan con mucho tiempo. Ni horas, ni días, sólo minutos para sobrevivir al peligro.

Pero un bebé humano, después de 16 años todavía no estamos seguros de si somos lo suficientemente fuertes para sobrevivir. Requiere tiempo para que nos desarrollemos al punto de que podamos realizar nuestro potencial. Requiere tiempo para el desarrollo espiritual, el desarrollo físico, y el desarrollo mental: alimentando y nutriendo la mente.

Algunas personas leer tan poco que tienen raquitismo mental. Ni siquiera podrían dar un argumento fuerte acerca de sus propias creencias. Este es un desafío que los padres tienen: preparar a nuestros hijos para que puedan debatir las cuestiones principales de la vida. Tienen que estar preparados y listos para debatir.

Los Estados Unidos ha pasado décadas debatiendo el comunismo y el socialismo y el capitalismo. Nosotros y las generaciones detrás de nosotros tenemos que poder debatir esas ideologías y poder defender los valores que hacen que los Estados Unidos sea excepcional. Si no puedes defender tus virtudes, y si no puedes defender tus valores, serás presa de filosofías que no te benefician.

Las cuestiones políticas, sociales, religiosas, espirituales, nutricionales y económicas son valiosas para que construyamos el tipo de riqueza que queremos Tienes que prepararte no solo física y espiritualmente, tienes que estar listo mentalmente también. Aquí es donde el Sr. Shoaff trabajó mucho conmigo. Y llegué a estar listo mentalmente para desarrollar la filosofía para defender mis virtudes y mis valores, los cuales me condujeron a una vida excepcional.

Y tú también lo puedes hacer.

6

CINCO HABILIDADES ESENCIALES

El desarrollo personal no es un evento. Es un proceso que reúne ímpetu y capacidad, como una bola de nieve que está rodando cuesta abajo por una colina. Existen cinco habilidades que todas las personas exitosas desarrollan para mejorar el proceso de su desarrollo personal a diario. Este capítulo describe estas cinco habilidades esenciales en detalle y te da estrategias para desarrollarlas en tu propia vida.

CINCO HABILIDADES

Desarrolla estas cinco habilidades como parte de tu objetivo de desarrollarte personalmente.

1. Desarrolla la habilidad de absorber.

2. Aprende a responder.

3. Desarrolla la habilidad de reflexionar.

4. Desarrolla la habilidad de actuar.

5. Desarrolla la habilidad de compartir.

Ahora examinemos cada una en detalle.

1. DESARROLLA LA HABILIDAD DE ABSORBER.

Desarrollar la habilidad de absorber significa poder absorber toda la vida que sea posible; como lo que estás haciendo al leer este libro. Sé tan absorbente como una esponja. Empápate de las palabras, pero no te pierdas la atmósfera de donde estás. No te pierdas el color que te rodea. No te pierdas el paisaje de fuera ni la decoración de dentro. No te pierdas lo que ocurre con las personas que entran y salen de tu círculo.

La mayoría de las personas simplemente están tratando de terminar su día bien. Esto es a lo que quiero que te comprometas: aprende a recibir algo valioso de cada día. No te limites a simplemente pasar el día: absorbe algo de él. Aprende de él. Permite que cada día te enseñe. Únete a la universidad de la vida. Qué diferencia hará en tu futuro. Comprométete a aprender: comprométete a absorber; sé como una esponja. Saca lo que puedas de cada día. No te pierdas la oportunidad de aprender.

Un amigo personal es muy dotado en esta área. Creo que ha absorbido y recordado todo lo que jamás le ha ocurrido. Te puede contar dónde estaba cierto día cuando era adolescente: dónde estaba, qué hizo, qué dijo, qué dijo ella, cómo se sentían, el color del cielo, y que estaba pasando ese día. Él lo capta todo; de verdad tiene la habilidad de absorber.

La realidad es que es más emocionante que él vaya a Acapulco y regrese y te cuente acerca de su experiencia que ir tú mismo. Es increíble. Tiene un don extraordinario. Aquí está una buena frase para que la apuntes: Donde quiera estés, sé presente. Estate allí para absorber.

Estate allí para absorber todo tu entorno. Toma fotografías si puedes, pero también toma fotografías en tu mente. Permite que tu alma y corazón tomen fotos. Capta todo acerca de donde estás. Creo que esta es una habilidad tan importante de desarrollar. Y no seas casual en tu búsqueda de capturar el momento.

2. APRENDE A RESPONDER.

La habilidad de responder significa permitir que la vida te toque. No permitas que te mate, pero permite que te toque. Permite que las cosas tristes te pongan triste. Permite que las cosas felices te pongan feliz. Cede a la emoción. No solo palabras, no solo la imagen; permite que los sentimientos te impacten.

Esto es lo que es importante. Nuestras emociones tienen que estar tan instruidos como nuestro intelecto. Es importante saber cómo sentirnos y responder apropiadamente. Es importante dejar entrar la vida; permite que te toque.

Soy el mejor tipo del mundo para llevar al cine. Una buena película para mí es una que me hace reír, llorar, que me asusta, que me enseña algo nuevo, que me lleva a lo alto y también a lo bajo. Quiero salir del teatro diferente a como entré. Una buena película, un buen libro de ficción, me tocará, me conmoverá de manera significante.

Conseguí un periódico en Australia y me di cuenta de un anuncio que decía: "¡Vea el Dr. Zhivago en la pantalla grande!" Inmediatamente pensé: Sin duda, tengo que verla en la pantalla grande. Había visto esta película dos o tres veces antes, pero no en la pantalla grande. Me encantan los teatros antiguos con balcones, candelabros, cortinas, el decorado, y la pantalla grande. Así que fui una vez más para ver al Dr. Zhivago. Y seguro que sí, otra vez quedé totalmente conmovido. La historia de la revolución rusa, el Dr. Zhivago, y todo el escenario es maravilloso.

Siempre me había perdido de la importancia del final de esa película, hasta esta ocasión. Esta vez, lo entendí. El Camarada General le dice después de encontrarla: "Tonya, ¿cómo fue que te perdiste?"

Y ella dijo: —Pues, simplemente estaba perdida.

Él dijo: —No, ¿cómo fue que te perdiste?

Ella dijo: —Pues, la ciudad estaba en llamas y estábamos corriendo para escaparnos, y me perdí.

Él dijo: —No, ¿cómo es que te perdiste? —Y eso es lo que ella no quería decir. Finalmente él la presionó otra vez: —¿Cómo es que te perdiste?

Ella dijo: —Pues, mientras estábamos corriendo por la ciudad que estaba en llamas, mi papá me soltó la mano y es así que me perdí.— Eso es lo que ella no quería decir.

El Camarada General le dice: —Tonya, eso es lo que he estado tratando de decirte. Komarovsky no era tu verdadero padre. No lo era. Te digo, te he estado buscando por todas partes. Y creo que te he encontrado. Este hombre, el Dr. Zhivago, mi pariente, el poeta, te estoy diciendo que él era tu padre.

El Camarada General dice: —Tonya, te prometo esto. Si este hombre, tu verdadero padre, hubiera estado allí, te prometo que él nunca hubiera soltado tu mano.

Y lo capté. Esta vez lo capté. En las ocasiones previas, estaba comiendo palomitas, esperando que la película terminara. Quiero decir, esta vez, lo entendí. Lo entendí. Te pido que lo captes. Absorbe y responde.

Hemos cubierto las primeras dos habilidades para nuestro objetivo de desarrollarnos personalmente. Una es la habilidad de absorber. No te pierdas de nada. Presta atención. Las cosas se mueven con tanta rapidez hoy en día. Tienes que prestar atención. Segundo, aprende a responder. Permite que la vida te toque. Permite que las emociones te afecten, al igual que las cosas que ves. Ahora, sigamos con la tercera habilidad.

3. DESARROLLA LA HABILIDAD DE REFLEXIONAR.

Reflexionar significa repasar; estudiarlo de nuevo. Repasa los apuntes que tomaste hoy. Repasa las páginas que has subrayado o marcado. Lee el texto una vez más. Reflexiona sobre lo que has aprendido.

Pero sugiero más reflexión que eso: Repasa todo el día en tu mente: enciérralo en tu mente. Los tiempos buenos pata reflexionar incluye el final del día cuando tomas algunos minutos para recordar a quién viste y qué dijeron y qué sucedió. ¿Cómo te sentiste? ¿Qué ocurrió? Recaptura el día en tu mente para incluir la experiencia, las vistas, los sonidos, los colores, etc. Un día es una pieza del mosaico de tu vida.

Ahora, toma unas cuantas horas al final de cada semana para reflexionar. Repasa tu calendario y tus citas. ¿A dónde fuiste? ¿A quién viste? ¿Cómo te sentiste y qué sucedió? Captura esa semana. Una semana es un buen pedazo de tiempo.

Ahora, toma medio día el final de cada mes y reflexiona; haz la misma cosa. Repasa lo que leíste, lo que escuchaste, lo que viste. Repasa los sentimientos para capturarlos, para que te sirvan.

Ahora, toma un fin de semana al final del año para establecer ese año firmemente en tu conciencia, firmemente en el banco de tu experiencia para que lo tengas y nunca desaparezca.

La habilidad de reflexionar es tan valiosa para recordar pensamientos, ideas, experiencias, ocasiones, el clima, las emociones. Recuerda la complejidad, los altibajos. Encierra en tu mente cada día, semana, mes,

El Antiguo Testamento cuenta que un escenario singular tomaba lugar según la ley, y esa era que trabajaban por seis años y el séptimo año era un sabático. Trabaja seis y toma el séptimo año. Y no solo para relajarse; no solo para reabastecerse, quizá no solo para ponerse en forma físicamente. En la sociedad moderna lo llamamos un cambio de ritmo. Pero no solo para eso.

En los antiguos días, ese sabático era para repasar los últimos seis años. ¿Qué había ido bien y qué había ido mal? ¿Y qué había funcionado bien y qué no había funcionado bien? ¿Y cómo habías crecido, y cómo habías aprendido y cómo habías cambiado? ¿Y qué tenías ahora, después de seis años, que no tenías al comienzo de los seis años? Vean, eso es tan valioso, un sabático. Un sabático. Tiempo. Tiempo.

También hay algo que decir de la soledad, cuando reflexionas. A veces puedes reflexionar con alguien. Puede ayudar que cónyuges reflexionen sobre el año que ha pasado. Los padres reflexionan con sus hijos sobre el año escolar que acaba de pasar. Los colegas pueden reflexionar juntos: ¿qué sucedió y qué no sucedió y cómo podemos mejorar? Pero una de las reflexiones más importantes es cuando reflexionas contigo mismo.

Hay algo que se puede decir acerca del tiempo a solas. Hay algo que se puede decir de tomar ocasiones para apartarte del mundo por un rato. ¿Cómo reflexiono sobre mí mismo? Pongo mi motocicleta en la parte trasera de nuestra casa rodante y me dirijo a las montañas. Allí, recorro los caminos de los jeeps, donde hay muy pocos seres humanos, o me meto a algún lugar del desierto. Ese es mi tiempo de apartarme de todo lo demás.

Vivo una vida muy pública, así que atesoro el tiempo a solas cuando tengo la oportunidad de reflexionar: repasar mi vida, mis habilidades y mis experiencias a solas. Hay ciertas cosas que se necesitan hacer a solas. Pondera, piensa, maravíllate, lee, estudia, pregunta, absorbe. Trata de mejorar tu tiempo de reflexión este año, y haz que sea mejor cada año por delante. Tiempo a solas: un maravilloso tiempo para reflexionar.

Otro consejo que se ha compartido a través de los años es: "Ve al clóset para un tiempo de meditación, tiempo de oración. Ve al clóset". Clóset significa ir a una habitación donde puedas cerrar la puerta y estar a solas para reflexionar. Cerrar la puerta detrás de ti te separa de todo que pueda distraerte de tu reflexión.

La vida se compone de experiencias, de tocar, de ver, de mirar, de hacer, de actuar, de disciplinas y de mucho más. Pero a veces simplemente tenemos que cerrar la puerta, simplemente cerrar la puerta y preguntarnos, orar, contemplar, pensar... y dejar que las cosas se muevan en tu conciencia y conocimiento.

Cuando vas volando por la autopista, es difícil reflexionar. Hay tantas cosas que hacer que es difícil concentrarse. Pero en los momentos de soledad hay tiempo para reflexionar. Este tiempo de reflexión es muy valioso. Aprende a reflexionar. Es importante reflexionar para que el pasado sea más valioso y te sirva para el futuro.

LAS REFLEXIONES DEL PASADO TE SIRVEN PARA EL FUTURO.

Aprender a recopilar el pasado e invertirlo en el futuro es realmente poderoso. Recopila el día de hoy e inviértelo en el de mañana. Recopila la semana e inviértela en la siguiente. Recopila este año e inviértelo en el siguiente. Eso es poderoso. En lugar de aguantar un año más, esperando a ver qué va a pasar, aprende, estudia, reflexiona, planifica, lee....

Parte de tu objetivo de desarrollarte personalmente es llegar a ser alguien mejor y más valioso de lo que eres ahora, no sólo en términos económicos: en términos de paternidad, de ser un mejor hermano, un mejor colega, de hacer una mejor contribución a la familia, a la sociedad, a la comunidad, a la iglesia, y más valioso para la oficina, para el compromiso, para tus socios, para la empresa.

No importa cuál sea el valor, trabaja en ti mismo, entonces aportarás más valor a la familia, al matrimonio, a la franquicia, a la asociación, al negocio, a la corporación, a la empresa, a la iglesia, a la comunidad y a la nación.

La autorreflexión es el autodesarrollo, que es un componente del desarrollo personal. La mejor contribución que puedes hacer a otra persona es el autodesarrollo, no el autosacrificio. El autosacrificio sólo se gana el desprecio. El autodesarrollo se gana el respeto. Compadécete de la madre que dice: "Voy a renunciar a mi vida por mis hijos". El autosacrificio no es noble. Invertir en uno mismo es noble, ya que se deriva de los esfuerzos positivos del autodesarrollo. Si trabajas en ti mismo y te vuelves más valioso, piensa en lo que eso hará por tus relaciones familiares, amistades, carrera, autoestima y todos los valores de la vida.

Yo solía usar la vieja expresión: "Tú cuídame a mí y yo te cuido a ti". Pero luego descubrí lo superficial que era. Así que cambié la expresión por: "Yo me cuidaré por ti, si tú por favor te cuidas por mí". Y esto es parte del desarrollo personal, que trabajemos más en nosotros mismos que en nuestro empleo. Ahora, llevamos eso al matrimonio, a las relaciones familiares como padre o madre, a nuestras amistades, a nuestros negocios, etc., desarrollando la fuerza y el poder que necesitamos para llevar una vida excepcional.

Este escenario de disciplinas y habilidades para adquirir dones y habilidades nos agrega valor, para que aportemos más a la siguiente semana, mes y año. Si absorbes, respondes y reflexionas sobre la vida, te sorprenderá cómo florecen tus recursos.

4. DESARROLLA LA HABILIDAD DE ACTUAR.

Toma acción. No rápidamente, si no se requiere, pero no te tardes demasiado antes de actuar. Cuando la idea arde y la emoción es fuerte, ese es el momento de actuar. Puede que digas: "Sr. Rohn, quisiera tener una biblioteca como la tuya". Si tienes sentimientos fuertes en cuanto a eso, lo que debes hacer es conseguir el primer libro y el segundo libro antes de que pase el sentimiento y la idea se empiece a desvanecer. Acción, pronto. Acción, inmediata. Acción tan pronto como sea posible.

Si no actúas rápidamente, "la ley del intento que se disminuye" entra sigilosamente. Tenemos la intención de hacer esto o aquello cuando la idea primero nos llega. Tenemos la intención de hacer esto o aquello cuando la emoción es alta. Pero si no traduces esa intención en acción relativamente pronto, la intención empieza a disminuirse, disminuir, disminuir. Y dentro de un mes, ya se ha enfriado. Un año desde entonces, ya no se puede encontrar. Así que actúa. Establece una disciplina para actuar cuando las emociones están altas y la idea es fuerte, clara y poderosa. Ese es el momento para establecer la disciplina.

Alguien habla acerca de la buena salud y te sientes conmovido. Posiblemente digas: "¡Cierto! Necesito conseguirme un buen libro acerca de la nutrición y uno acerca del ejercicio". Consigue cuando menos uno de los libros antes de que la idea pase y antes de que la emoción se enfríe. Levántate y ve a comprar el libro. Comienza la biblioteca. empieza el proceso. Cáete al suelo y haz algunas lagartijas. Acción... toma acción. De otras maneras la sabiduría se pierde. De otras maneras la emoción pronto pasa. A menos que le dediques actividad disciplinada, se va. No permitas que eso suceda. Captúralo y sigue adelante con la acción.

LA DISCIPLINA CAPTURA LA EMOCIÓN, LA SABIDURÍA, Y LA TRADUCE EN CAPITAL.

La *disciplina* captura la emoción, la sabiduría, y la traduce en capital. Lo importante acerca de las disciplinas es que las disciplinas se afectan entre sí. De hecho, aquí está una buena frase filosófica: Todo afecta a todo lo demás. Nada permanece solo. No seas ingenuo al decir: "Pues, esto no importa". Te estoy diciendo, todo importa. Hay algunas cosas que importan más que otras, pero no existe nada que no importe.

Ese es parte del proceso educativo, de aprendizaje del desarrollo personal. Si no caminas alrededor de la manzana, probablemente tampoco comerás una manzana al día. Si no te comes una manzana cada día, probablemente no formarás tu biblioteca, y si no formas tu biblioteca, probablemente no mantendrás un diario ni tomarás fotografías.

Luego no harás cosas sabias con tu dinero, tu tiempo o tus posibilidades o relaciones. Y antes de que te des cuenta, seis años de esa actitud han acumulado y has perjudicado seriamente tu vida. Solo tienes centavos en tu bolsillo. Así que toda la clave para reversar el problema ahora es ver la sabiduría de las disciplinas, y absorberlas en tu estilo de vida.

El lado positivo de la disciplina es que cada una afecta las otras. Así que cada acción, aun la acción más pequeña, es importante. Toma acción y cuando comienzas a lograr, tu valor aumenta, aun por la acción más pequeña. El rendimiento de una acción te inspirará a tomar la siguiente, y la siguiente, ¡y la siguiente!

Cuando empiezas a caminar alrededor de la manzana, te verás inspirado a comerte una manzana. Come la manzana, y te inspirarás a leer un libro. Consigue un libro, y te inspirará a conseguir un diario. Consigue un diario, y estarás inspirado a desarrollar algunas habilidades y crecer y ser más valioso. Todas las disciplinas se afectan entre sí. Cada falta afecta a las demás. Cada cosa nueva afecta lo demás. La clave es disminuir la falta, y establecer lo nuevo. ¡Ya has iniciado todo un proceso nuevo para cambiar para lo mejor!

Un pensamiento más acerca de la disciplina—el mayor valor de la disciplina es el autovalor, autoestima. Muchas personas enseñan el autoestima, pero no la conectan con la disciplina. La menor falta de disciplina comenzará a erosionar nuestra psique. Una de las mayores tentaciones es aflojar un poco. La más mínima falta de esfuerzo erosionará tu filosofía personal.

EL MAYOR VALOR DE LA DISCIPLINA ES LA AUTOESTIMA, EL AMOR PROPIO.

Cuando haces solo un poco menos de lo que es tu mejor, puede que te digas, *Pues, solo va a afectar mis ventas este mes.* No, va a afectar tu conciencia también. Va a afectar tu filosofía. Un descuido conduce a otro. Este es el problema con el menor descuido. El descuido inicia una infección. Y si no te ocupas de ella, se convierte en una enfermedad. Y lo peor de todo, cuando comienza el descuido, se disminuye tu autovalor, tu autoconfianza, tu autoestima.

¿Cómo puedes recuperar tu autoestima? No tienes que tomar 29 clases. Lo único que tienes que hacer es iniciar la disciplina más pequeña que corresponde con tu propia filosofía. Piensa y luego actúa: Debo, puedo, lo haré. Declara: "Ya no permitiré que los descuidos se me acumulen. ¡No enfrentaré la situación lamentable dentro de seis años debido a que di pretextos en vez de celebrar mi progreso!" Esa es la clave a la disciplina.

Si eres padre, es importante involucrar a los hijos en el menor de las disciplinas. Comienza con una y luego agrega otra y otra y luego algunas más. Y dentro de poco, estás entretejiendo el tapiz de una vida disciplinada, a la cual le puedes poner más sabiduría, más actitud, más sentimiento fuerte, más fe, más audacia. Ellos entonces serán vasos donde la autoestima y los valores de toda clase pueden residir y de donde pueden fluir: y el rendimiento serán asombroso.

Cuando inicias el progreso para ti y tus hijos, los primeros rendimientos te tendrán tan emocionado que comenzarás a comprometerte a esta estrategia por el resto de tu vida. ¡Y ellos también lo harán!

LA SABIDURÍA DEL MUNDO ESTÁ DISPONIBLE PARA TI GRATIS POR MEDIO DE LEER LIBROS.

Adivina cuántas personas tienen una tarjeta para sacar libros de una biblioteca en los Estados Unidos. Según cifras de 2017, dos terceras de la población tienen una tarjeta de biblioteca, pero es imposible determinar cuántas personas las usan para sacar libros para leer.

Puedes transformar tu vida espiritual, social, personal y económicamente, y de todas las demás maneras por medio de aprender de buenos libros escritos por autores creíbles. Puedes aprender a cómo ser rico, poderoso, sofisticado, sano y de influencia.

Mi consejo para ti hoy: Aprovecha la riqueza de la sabiduría que está en los libros. Sé que hemos hablado de este tema previamente, pero firmemente creo que es tan importante que necesitamos verlo una vez más.

Las personas que no conocen una alternativa mejor que culpar a otros por su situación en la vida posiblemente te quieran mantener dentro de esa misma mentalidad. Te insto a no hablar como ellos hablan. No actúes como ellos actúan. No vayas a donde ellos van. Descarta la lista de culpables a la que ellos se aferran. Inicia una vida nueva. Te preguntas: *¿Es vivir la vida excepcional tan sencillo como conseguir una tarjeta de biblioteca?* Y la respuesta es ¡SÍ! Es tan fácil. Es tan sencillo.

No es complicado. ¡Y es gratis!

No necesitas un gurú de 2.000 años de edad. No necesitas comprar libros en una tienda física o una tienda en línea. Lo único que necesitas es una tarjeta de biblioteca.

No dejes que nadie te arrastre a un camino contrario a la propia naturaleza que dice que el trabajo está involucrado en los buenos resultados. El esfuerzo está involucrado en el milagro de la semilla, la tierra, el sol, la lluvia, las estaciones y Dios. El éxito sólo está disponible para ti por el trabajo, así que trabaja bien.

HAZ LO MEJOR QUE PUEDAS.

Ahora, aquí está la última clave sobre la disciplina. Haz lo mejor que puedas. Tengo una buena pregunta para ti. ¿Es lo mejor que puedes hacer todo lo que puedes hacer? La respuesta es no, por extraño que parezca. Si tú y yo nos cayéramos sobre el piso ahora mismo e hiciéramos todas las lagartijas que posiblemente pudiéramos, ¿haríamos la misma cantidad? No. Digamos que posiblemente no hayas estado haciendo lagartijas últimamente y solo puedes hacer cinco. Puedes mirarme y decir, "Oye, cinco es lo mejor que puedo hacer". Puedo saber por la expresión de tu rostro que eso probablemente es cierto. Cinco es lo mejor que puedes hacer.

¿Pero es cinco todo lo que puedes hacer" No. Si descansas un poco, puedes hacer cinco. más. Y si descansas todavía un poco más, puedes hacer cinco más. Y después de un poco más de descanso, puedes hacer otras 15. ¿Cómo llegaste de cinco a quince? Tuviste que seguir con ellas hasta finalmente llegar a 50 lagartijas. ¡Es un milagro!

¿Cómo perpetúas un milagro? Número uno, haz lo que puedes hacer. No dejes de hacer lo que puedes hacer. Quizá comienza con escribir una carta a tu madre en Florida. Número dos, haz lo mejor que puedes hacer. Escríbele a tu mamá. Luego escribe el plan de negocios que has tenido en tu mente por mucho tiempo. Tercero, descansa muy poco. Toma tiempo para descansar entre tus esfuerzos... pero no por demasiado tiempo. ¿Por qué? Como mencioné previamente, las hierbas se apoderarán del jardín.

Haz que el descanso sea una necesidad, no un objetivo. El objetivo de la vida no es descansar. El objetivo de la vida es actuar. Piensa en más disciplinas. Piensa en más maneras y medios en las que usas tu propia sabiduría y tu propia filosofía. Y usa tu propia actitud, tu propia fe, tu propio valor, tu propio compromiso, tus propios deseos, tu propia emoción. Invierte en la disciplina; no malgastes nada. La disciplina más pequeña de esta manera transforma tu vida. Inscríbete a la biblioteca... no lo lamentarás.

5. DESARROLLA LA HABILIDAD DE COMPARTIR.

Pasa tus buenas ideas a otros. Pasa los pensamientos que te llegaron después de leer libros. Di: "Oye, acabo de leer un libro maravilloso que me ayudó". O: "Leí un libro que realmente me puso a pensar". O: "Este libro me ayudó cuidar mi salud", "Este libro realmente me inspiró". ¡Pásalo! Otros apreciarán tu consideración.

Y aquí está lo emocionante de compartir tus buenos consejos y sugerencias. Si compartes con diez personas diferentes, ellos lo oyen una vez... pero a ti te toca oírlo diez veces. Así que probablemente va a hacer más para ti que para ellos, y todos adquieren más conocimiento. Cuando alguien comparte, todos ganan. Comparte tus ideas, comparte tus experiencias, comparte tu conocimiento.

Puedes obtener tanto placer como yo cuando comparto con la gente al presentar un seminario. Ese es uno de los gozos de mi vida. Cuando doy un seminario, estoy haciendo la mejor inversión que puedo de palabras y espíritu y corazón y tiempo y energía. No tengo que trabajar duro ahora para tener una vida cómoda, pero gustosamente trabajo tanto porque quiero el rendimiento. Las repuestas de la gente impactan mi vida. Ves, eso es lo más importante de la vida. No se puede comprar con dinero.

Puedes recibir algo de las mismas reacciones cuando recomiendas un libro. Alguien leerá ese libro y luego otro y luego otro. Luego la persona vendrá contigo algún día y dirá: "Me hiciste arrancar. Ese libro que recomendaste prendió mis luces; le dio un giro a mi mente. Me hizo pensar. Me hizo meditar. Y he estado en el camino correcto desde entonces". Puedes recibir tantas alabanzas como yo, si compartes tus buenas intenciones. Comparte con tus hijos, tus colegas. Comparte con toda persona que esté a tu alcance. Comparte.

Compartir no solo te ayuda a ti, le ayuda a la persona con quien compartiste. Compartir también te hace más grande de lo que eres. Si tengo un vaso lleno de agua, ¿puede el vaso contener más agua? La respuesta es sí. Pero para que el vaso contenga más, tienes que echar el agua que ya está en él. Eso es lo que te estoy pidiendo que hagas.

Si estás lleno de ideas, si estás lleno de cosas buenas, te estoy pidiendo que lo viertas sobre otras personas. ¿Por qué? Entre más viertes el agua, más entrará. Y... cuando viertes, te haces más grande. No como un vaso que sigue igual. Los seres humanos tienen la capacidad de crecer en conciencia, conocimiento y capacidad. Tenemos una capacidad ilimitada.

LOS HUMANOS TIENEN CAPACIDAD ILIMITADA.

A los niños no les hace falta capacidad. En Europa, los muchachos hablan varios idiomas. En sus años de crianza, mi papá hablaba alemán, pero nunca me enseñó. Mi mamá hablaba francés, pero nunca me enseñó. Se querían apartar de los idiomas del antiguo mundo en aquel entonces y adaptarse a su nuevo idioma, el inglés, en su nuevo hogar en los Estados Unidos. No tenían ningún concepto de cuán valioso serían los idiomas en el futuro, así que abandonaron el alemán y el francés. Pude haber aprendido tres idiomas, en vez de solo uno.

Mis hijas asistieron a la escuela en Beverly Hills, California, donde en primera año ofrecían tres idiomas además de inglés: francés, alemán y español. ¿Por qué? Porque los chicos pueden aprender dos idiomas con la misma facilidad con que aprenden uno. Pregunta: ¿cuántos idiomas pueden aprender los niños?

Lo mismo es cierto en tu propio caso. No te falta capacidad; de hecho, puedes expandir tu capacidad al compartir lo que tienes. Cuando llegues a ser más grande, comparte más. He escrito este libro por una razón, que es mi interés propio. Cuando comparto contigo, mi conocimiento aumenta, me toca oír la sabiduría que comparto contigo con creces. Alguien me preguntó hace mucho después de presentar mi seminario: "Sr. Rohn, usted fue bastante fuerte en algunos de los temas de los cuales habla. ¿Cómo le va a usted en cuanto a practicar de todas las cosas que enseña?

Dije: "Bueno, lo mejor que puedo compartir contigo es esto. Escúchame muy cuidadosamente, pero no me observes demasiado de cerca. Estas cosas son más fáciles de enseñar que hacer. Estoy trabajando sobre ellas igual que tú. Pero, oye, vierte lo que tienes para que tu capacidad pueda crecer. Ahora, ¿por qué querrás que tu capacidad crezca? Una razón muy de interés propio. Aquí está. Para que puedas quedarte con más de la siguiente experiencia".

La realidad es que algunas personas no pueden sentirse simplemente locamente felices. Podrías verter la felicidad sobre todo el mundo, pero algunos simplemente no experimentarán gozo abundante. ¿Por qué? Porque no son lo suficientemente grandes. Cuando las personas son pequeñas en su habilidad de pensar y maravillarse, de comprender y aprender, pequeñas en compartir de ellos mismos, no importa cuánto se vierta sobre ellos, nunca se expandirán a su total capacidad para experimentar una vida excepcional. No seas así.

Algunas personas no van a recibir mucho porque su vaso está al revés. No tiene agua, nada. Aprende a compartir, lo que hará que el vaso de los demás se voltee y se ponga en posición vertical. Es una experiencia gloriosa, gloriosa, tanto para ti como para los demás.

7

LO QUE HACES CON LO QUE TIENES

Las personas que están viviendo una vida verdaderamente excepcional han logrado adquirir la libertad financiera. Esta libertad les permite enfocarse más en las prioridades de su vida, diseñar un estilo de vida singular, y contribuir a las causas que son importantes para ellos. Sin embargo, la búsqueda de la independencia financiera tiene que comenzar con un verdadero deseo de servir a los demás seres humanos.

LA INDEPENDENCIA FINANCIERA

Ahora examinemos el tema de la independencia financiera. Todos tienen que resolver su propio concepto de independencia financiera, enriquecerse o llegar a ser una persona muy próspera. Algunas personas pueden luchar con esta clase de frases. Lo comprendo. Posiblemente hayas escuchado la frase: "El amor al dinero es la raíz de todo mal". El dinero en sí no es malo, pero sin duda hay maneras malvadas de conseguirlo.

La avaricia y la lujuria son un dúo peligroso. Contrario a la película de 1987 titulada Wall Street, la avaricia no es buena. La avaricia es mala y es necesario tratar con ella. La avaricia se apodera de más de lo que le corresponde. La avaricia se apodera de algo al costo de otros. Lo llamamos maldad. Las personas avariciosas que quebrantan la ley o se aprovechan de otros deben pagar el precio de sus malas acciones. La codicia egoísta conduce a la calamidad de muchos. Por ejemplo, la codicia del poder hizo que Stalin, Hitler y Mao mataran deliberadamente a más de un total de 140 millones de personas.[1] Es cierto que el poder absoluto corrompe absolutamente.

Por el oro lado, la ambición apropiada y legítima es buena. La ambición dice: "Quiero algo al servicio de otros, no a costo de otros". Creo que Jesús nos dio el mejor ejemplo del éxito cuando dijo: "Si alguno quiere ser el número uno..." no hay nada de malo con querer ser el más grande; lo que yo llamo autointerés iluminado. Pero luego terminó la frase, dando la clave a quienes desean ser los más grandes... "entonces debe ocupar el último lugar y servir a todos".[2]

EL SERVICIO A MUCHOS CONDUCE A LA GRANDEZA... GRAN RECONOCIMIENTO Y SATISFACCIÓN.

Zig Ziglar probablemente lo dijo tan bien como cualquier otro: "Si ayudas a suficientes personas a conseguir lo que ellos quieren, puedes obtener todo lo que quieres". Eso no es avaricia; es legítima ambición al servicio de otros. Aun así, conozco a personas que luchan con la idea de cómo enriquecerse.

Por años enseñé a jóvenes cómo ser ricos ya para cuando contaran con los 35 o 40 años; hasta más pronto si eran particularmente listos o si encontraban una oportunidad singular. A algunas personas les inquietaba un poco que yo enseñara a chicos cómo enriquecerse; cómo hacer una fortuna. Quizá pensaban que les estaba enseñando cómo ser avaros y egoístas. Nada cierto.

LA INDEPENDENCIA FINANCIERA ES LA HABILIDAD DE VIVIR DE LOS INGRESOS DE TUS PROPIOS RECURSOS PERSONALES.

Así que modifiqué mi enseñanza un poco para instruir a adultos y jóvenes a cómo llegar a ser financieramente independientes. Ya con las palabras más suaves recibió aprobación. Mi definición de la independencia financiera es la habilidad de vivir de los ingresos de tus propios recursos personales. Esa es una meta meritoria. Ambición meritoria y legítima es rendir buen servicio, desarrollar capacidades en el mercado, y llegar a ser tan valioso que puedes tener suficientes recursos financieros para invertir y puedes vivir independientemente con los ingresos de tus recursos personales. Luego, si manejas sabiamente tus recursos e ingresos, puedes tener las cosas que quieres, apoyar proyectos especiales, y ocuparte de lo que es importante para ti. Es una ambición meritoria.

ACUMEN FINANCIERA

Con ese trasfondo, permíteme recomendarte un libro: *El hombre más rico de Babilonia* por George S. Clason. Posiblemente ya lo hayas leído. Si así es, sugiero que lo leas de nuevo. Es un libro breve. Lo puedes leer en una tarde. Lo llamo el aperitivo para el discurso completo del tema de la independencia financiera.

El tema principal del libro es que lo que haces con lo que tienes es más importante que lo que tienes. Lo que haces con lo que tienes es más importante que lo que recibes.

Lo que hacemos con lo que tenemos dice mucho acerca de nosotros. Revela nuestra filosofía de la vida, nuestra actitud, lo que conocemos y lo que pensamos, de qué consiste nuestro carácter. Es un reflejo de lo que está sucediendo en nuestra cabeza; nuestro sistema de valores y proceso de tomar decisiones.

Lo que hacemos con lo que tenemos también revela nuestra habilidad de pensar y percibir. El exterior es siempre un reflejo de nuestro interior. Es una indicación, una lectura, una revelación. Habla, cuenta, muestra. ¿Recuerdas esa frase clave que te di anteriormente? Todo es sintomático de algo, y es sintomático de algo que está bien o algo que está mal. Es una política sabia no ignorar los síntomas, porque pueden ser señales tempranas de una filosofía mal elegida, o señal de que algo importante está siendo leído, entendido o calculado mal.

Así que de todos los lugares posibles, echa un vistazo aquí. Lo que haces con tu dinero dice algo acerca de ti. Ahora, lo que estás haciendo puede estar bien. Solo estoy sugiriendo que le eches un vistazo. Permíteme darte algunos detalles de un buen plan financiero, tal como el libro de Clason sugiere.

LOS DETALLES DE LA PLANEACIÓN FINANCIERA

El siguiente plan te hará bien desde el primer día que lo tomes seriamente y lo pongas en marcha.

EL 70 POR CIENTO PARA LOS GASTOS DE VIDA

Primero, esta es una afirmación muy amplia pero importante: aprende a vivir con el 70 por ciento de tus ingresos netos. Neto significa el dinero que te sobra después de pagar tus impuestos. ¿Por qué el 70 por ciento? Porque estarás haciendo algunas cosas muy especiales con el 30 por ciento que resta. Así que el 70 por ciento es tuyo para gastar.

Ahora, hablemos de ese tema tan importante de cómo asignar el 30 por ciento.

Recuerdo que un día le dije al Sr. Shoaff: "Si tuviera más dinero, tendría un mejor plan".

Él me dijo: "Sr. Rohn, te sugiero que si tuvieras un mejor plan, tendrías más dinero".

Así que no es la cantidad lo que cuenta; es el plan lo que cuenta. No es lo que asignas; es cómo lo asignas.

EL 10 POR CIENTO PARA LA BENEVOLENCIA

La primera parte del proceso de asignación: el 10 por ciento del 30 por ciento debe ir a la beneficencia; dar de regreso una parte de lo que has sacado de la sociedad para ayudar a quienes no se pueden ayudar a sí mismos. Pienso que es un buen porcentaje, pero por supuesto, puedes escoger tu propio porcentaje. Es tu vida y tu plan. Pero dar tu dinero a una iglesia o una organización filantrópica dedicada a ayudar a otros es una buena cosa que hacer. Sea que lo administres tú mismo o lo des a una institución para que lo distribuya, el 10 por ciento se debe dar a una causa benéfica.

Y a propósito, el mejor momento para enseñar a un hijo este proceso de asignación es cuando el chico recibe su primer dólar. Lleva a tu hijo a un recorrido visual por algún lugar donde vive gente desafortunada para que se dé cuenta de que hay otros que necesitan ayuda, gente que no puede valerse por sí misma. Los niños tienen corazones grandes. Si ven el problema, no será problema para ellos dar diez centavos de cada dólar.

Y una cosa más, el momento para comenzar a asignar dinero es ahora; comienza cuando las cantidades son pequeñas. Es bastante fácil sacar diez centavos de un dólar de $500 o $5.000. Se torna un poco más difícil dar $100.000 de un $1 millón. Puede que digas: "O, si yo tuviera un millón, gustosamente daría cien mil". No estoy tan seguro... eso es mucho dinero. Es mejor empezar más pronto que tarde, para que tengas el hábito antes de que las grandes sumas te lleguen.

10 POR CIENTO PARA CAPITAL QUE ADMINISTRAS

Con el siguiente 10 por ciento, resérvalo para el capital que administras, dinero que encuentras formas de utilizar. Compra algo, arréglalo, y luego véndelo para obtener ganancia. Involúcrate en el comercio, aunque sea por tiempo parcial. Tu hogar es tu proyecto de capital principal. En mi opinión, toda persona debe involucrarse en el capitalismo en este país. Aquí en los Estados Unidos creemos que el capital le pertenece a la gente. El comunismo enseña que el capital le pertenece al gobierno. Es una inmensa diferencia en ideología.

Me parece que el comunismo cree que los humanos son demasiado tontos para saber qué hacer con capital, así que todo se le debe dar al gobierno para que lo use. En un país capitalista, creemos que la gente usará el capital para obtener ideas para bienes y servicios que luego se lleva al mercado para que los consumidores los compren. Esta iniciativa dinámica ha creado oportunidades abundantes para personas de todas las edades, razas y trasfondos.

10 POR CIENTO PARA INVERTIR

Con el último diez por ciento—los terceros diez centavos de cada dólar que queden—te insto a colocar esa cantidad en una institución financiera. que es un gran beneficio para toda la gente de la nación. Cuando ahorras 10 por ciento en un banco o unión de crédito, estás trayendo ese capital al mercado. Algunos proyectos en nuestra sociedad necesitan más capital de la que una persona puede proveer. Así que tenemos un sistema por el cual todos nosotros podemos prestar o invertir nuestro dinero en el capital provisto, para que se puedan levantar grandes empresas para proveer más empleos, productos, servicios y ayudar a crear una sociedad más dinámica.

El asunto es que el 10 por ciento de cada dólar debe ir a una cuenta de ahorros. Prefiero llamarla una cuenta de inversiones. ¡A los chicos les encanta esto! Tú te conviertes en el banco y te pagan a ti por el uso de tu dinero. Te regresan el dinero que les prestaste más intereses, y recibirás ganancias por el dinero que se te paga por el uso de tu dinero.

Asegúrate de enseñarles que si comienzan a ahorrar y/o invertir en su adolescencia cualquier cantidad que hayan ganado en un empleo, un emprendimiento o ambos, ya para cuando tengan 40 años serán lo suficientemente ricos para hacer lo que quieran por el resto de sus vidas. En vez de pasarse la vida haciendo lo que tienen que hacer.

Entre más pronte empieces a ahorrar/invertir, más corto será el tiempo que se te requerirá para llegar a ser financieramente independiente, dependiendo de qué ideas e oportunidades aproveches. Por ejemplo, la Sra. Fields inventó una galleta con chispas de chocolate nueva y deliciosa cuando estaba en sus 20. Eventualmente abrió 700 tiendas, y ya para cuando estaba en sus 40 vendió su compañía por 400 millones. Qué ejemplo de capital en las manos de las personas... no en las manos del estado.

A una escala pequeña pero un ejemplo igual de valioso: Un niño de 10 años toma su dólar, busca por la comunidad y encuentra un vagón roto y abandonado. Paga un dólar por él, se lo lleva a casa, lo limpia, lija el óxido, lo pinta hasta que quede brilloso, endereza la rueda, y luego vende el vagón que casi se ve nuevo por $11. ¿Merece un niño de 10 años una ganancia de $10? Claro que la respuesta es ¡sí! La sociedad ahora tiene un vagón renovado.

Y de eso se trata todo.

Encuentra algo y déjalo mejor de como lo encontraste. Crea un valor, crea un capital. Así es cómo esta sociedad norteamericana asombrosa y dinámica fue construida: todos pueden contribuir, todos pueden obtener ganancias. Todos pueden traer valor al mercado. Todos podemos ser estudiantes de capital, ganancias, patrimonio y valor. Todos podemos participar y emprender. Todos podemos participar en las disciplinas que traen una riqueza de estilo de vida y tesoro.

Todos nosotros y nuestros hijos pueden formar la sociedad más poderosa y atractiva que jamás haya existido. Tenemos el conocimiento, las herramientas, las escuelas, el mercado, los recursos; todo lo que necesitamos es la voluntad. Que cada uno de nosotros comencemos. Son riquezas a nuestro alcance.

DISCIPLINAS FINANCIERAS

Ahora veamos dos o tres disciplinas más para la independencia financiera.

NÚMERO UNO, GUARDA CUENTAS ESTRICTAS

¿Alguna vez escuchaste a alguien decir: "¡No sé a dónde se va todo el dinero. Simplemente se me escapa".

Oye. Tienes que ser mejor disciplinado que eso. No permitas que eso se convierta en tu filosofía. Guarda cuentas estrictas y sabrás exactamente dónde está el dinero y dónde necesita estar.

NÚMERO DOS, DESARROLLA UNA NUEVA ACTITUD Y NUEVOS CONCEPTOS

Yo antes solía decir: "Odio pagar mis impuestos".

El Sr. Shoaff dijo: —Pues, esa es una manera de vivir.

Dije: —¿No odian todas las personas pagar sus impuestos?

Él dijo: —No. Algunos ya han superado eso totalmente. Una vez que entiendas lo que los impuestos son...

Y explicó que los impuestos cuidan y alimentan a la gallina que pone los huevos de oro: la democracia y la libertad. Empresa libre. ¿No desearías tú alimentar a la gallina que pone los huevos de oro?

Puede que alguien diga: "Pues, ¡la gallina come demasiado! Probablemente sea cierto. Entiendo eso. Es más, por supuesto que es cierto. Pero es mejor una gallina gorda que ninguna gallina. Y la verdad sea dicha, todos comemos demasiado. Que el apetito de uno no acuse al otro. Sí, el gobierno necesita ponerse a dieta. Igual es con la mayoría de nosotros. Pero oye, todavía tienes que cuidar y alimentar a la gallina que pone los huevos de oro cuando comprendes toda la situación. Ten la actitud correcta.

Yo antes decía: "Odio pagar mis cuentas".

El Sr. Shoaff dijo: —Pues, es una manera de vivir.

Dije: —¿No odia toda la gente pagar sus cuentas?

Él dijo: —No, algunos ya hemos superado eso totalmente.

Dije: —¿Es posible que a alguien le encante pagar sus cuentas?

Él dijo: —Sí, reduce tus pasivos. Aumenta tus activos. ¿No te gustaría hacer eso?

Así que comencé a tener una actitud totalmente nueva en cuanto al pago de mis cuentas.

¡Tú también puedes.

Tú también puedes hacerlo. La próxima vez que pagues 100 dólares en una cuenta, pon una notita que diga: "Con mucho gusto, le envío estos 100 dólares". Seguro que no reciben muchos comentarios así.

Lo que realmente estás diciendo es: "¡Reduce mis pasivos, aumenta mis activos!" Mi mentalidad cambió, mejoró. Ahora pago mis cuentas sin quejarme. Mantengo el dinero en circulación. Cuando pago mis impuestos, estoy alimentando a la gallina de los huevos de oro. Todo es cuestión de actitud.

Y aquí está un último pensamiento en cuanto a la actitud.

Una de las historias clásicas de los antiguos escritos de la Biblia dice:

> Jesús se sentó frente al lugar donde se depositaban las ofrendas, y estuvo observando cómo la gente echaba sus monedas en las alcancías del templo. Muchos ricos echaban grandes cantidades. Pero una viuda pobre llegó y echó dos moneditas de muy poco valor. Jesús llamó a sus discípulos y les dijo: «Les aseguro que esta viuda pobre ha echado en el tesoro más que todos los demás. Estos dieron de lo que les sobraba; pero ella, de su pobreza, echó todo lo que tenía, todo su sustento».[3]

Guau, qué lección para aprender. No es la cantidad, sino lo que representa de tu vida es lo que cuenta. Ahora déjame darte la sabiduría del escenario que no ocurrió, que es la mayor de las sabidurías. Lo que no está registrado en la historia puede enseñar una de las más grandes lecciones de sabiduría. Jesús no metió la mano en el tesoro y tomó los dos centavos de esta dama y corrió tras ella diciendo: "Tenga, señora. Mis discípulos y yo hemos decidido que usted da tanta lástima y es tan pobre que hemos decidido devolverle sus dos centavos". Te digo que eso no ocurrió.

Si Jesús hubiera hecho eso, ella se habría sentido insultada. Habría dicho con razón: "Sé que mis dos centavos no son mucho, pero representaban la mayor parte de lo que tenía. ¿Y me insultarías al no dejarme contribuir con lo que quería contribuir, aunque solo sean dos centavos?"

No. Eso no ocurrió. Más bien, Jesús dejó sus centavos en el tesoro como símbolo del corazón dadivoso de la mujer, de su devoción a sus creencias.

Esa es la clave.

Ya sea que empieces con centavos o con dólares, recuerda que lo importante es invertir para que puedas obtener ganancias y así poder, a su vez, ayudar a cuidar a las personas que no pueden cuidarse a sí mismas.

Te animo a que establezcas tu propia filosofía. No te pido que compres mi filosofía; no te pido que adoptes mis números de proporción recomendados. Sólo quiero provocarte para que pienses, para que te plantees una espléndida filosofía económica que te haga madrugar y trasnochar. Que te haga pensar y reflexionar sobre formas de utilizar tus recursos que conviertan tus sueños en lo que realmente realizas en el futuro.

NOTAS

1. Nigel Jones; "From Stalin to Hitler, the most murderous regimes in the world," *DailyMail.com*, October 7, 2014; accessed October 18, 2021; https://www.dailymail.co.uk/home/moslive/article-2091670/Hitler-Stalin-The-murderous-regimes-world.html; accedido Octubre 18, 2021.

2. Marcos 9:35 Palabra de Dios para Todos

3. Marcos 12:41-44 Nueva Versión Internacional

8

INFLUENCIAS Y ASOCIACIONES

Una de las claves del éxito que a menudo no tomamos en cuenta es la gente con quien hemos elegido asociarnos. Cada día, a menudo inconscientemente, nuestras decisiones, actitudes y acciones son influenciados por las decisiones, actitudes y acciones de las personas con quienes pasamos nuestra mayor cantidad de tiempo. Uno de los elementos cruciales de una vida excepcional es un análisis cuidadoso de cómo estamos siendo afectados por nuestras asociaciones con otros.

Si fueras a evaluar las influencias principales en tu vida que dieron forma a la persona que estás llegando a ser, alta en la lista figuran las personas que elegiste permitir en tu vida. El Sr. Shoaff me dio una advertencia muy importante en esos primeros días, que repito aquí para ti. Dijo: "Nunca subestimes el poder de la influencia". Qué declaración más importante.

"NUNCA SUBESTIMES EL PODER DE LA INFLUENCIA".

La influencia de las personas que nos rodean es muy poderosa. Muchas veces ni siquiera nos damos cuenta de que estamos siendo fuertemente influenciados porque por lo general esta influencia se desarrolla a través de un período extendido de tiempo. La presión de nuestros contemporáneos es una forma especialmente poderosa de influencia porque es tan sutil. Si estás entre personas que gastan todo lo que ganan, hay muy altas probabilidades de que gastarás todo lo que ganas. Si estás entre gente que van a más juegos de pelota que conciertos, hay muy altas probabilidades de que harás lo mismo. Si estás entre personas que no leen muchos libros, hay altas probabilidades de que no leerás muchos libros.

Las personas que nos rodean pueden ir desviándonos del camino poco a poco hasta que, dentro de diez años, nos preguntemos: *¿Cómo llegué hasta aquí?* Esas sutiles influencias deben ser estudiadas cuidadosamente si realmente queremos que nuestra vida resulte como la hemos planeado. Sobre este punto principal, permíteme darte tres preguntas clave que pueden ayudarte a hacer un mejor análisis de tus asociaciones actuales.

TRES PREGUNTAS CLAVE

1. ¿QUIÉN ESTÁ EN MI DERREDOR CON MAYOR FRECUENCIA?

Una buena pregunta para hacerte a ti mismo. Estudia mentalmente a las personas con las que te relacionas más a menudo. Evalúa seriamente a todos los que están en tu círculo de influencia, los que son capaces de influir en ti.

2. ¿QUÉ ME ESTÁN HACIENDO ESTOS "INFLUENCIADORES?"

Esta es una pregunta importante que nos lleva a preguntarnos:

* ¿Lo que hacen me influye para hacer lo mismo?

* ¿Lo que escuchan me influye para hacer lo mismo?

* ¿Lo que leen me influye para leer los mismos libros, artículos, etc.?

* ¿A dónde van me influye para que yo también vaya?

* ¿Lo que piensan de la vida influye en mi visión de la vida?

* ¿Su forma de hablar influye en mi forma de hablar?

* ¿Sus sentimientos influyen en los míos?

Tienes que estudiar seriamente cómo te influyen los demás, tanto negativa como positivamente. Puede que las personas influyentes que te rodean estén bien, pero no está de más evaluar a las personas que te rodean más a menudo y cómo afectan a tu vida.

¿ES LA INFLUENCIA COLECTIVA DE TODAS LAS PERSONAS CON LAS QUE TE RELACIONAS APROPIADA?

Después de una evaluación enfocada y objetiva, puede que sí y puede que no. Todo lo que sugiero aquí es que eches un segundo vistazo, especialmente a las personas que tienen más poder de influencia sobre ti. La influencia positiva puede tener un efecto increíble en tu vida, y también la negativa. Ambas te llevarán a alguna parte, pero solo una te llevará en la dirección que realmente deseas.

Es tan fácil descartar las influencias en nuestras vidas. Alguien dice: "Vivo aquí, pero no creo que importe". O: "Estoy rodeado de estas personas, pero no creo que me perjudique". Yo echaría otro vistazo a eso. Una buena frase para recordar: Todo importa. Ahora claro, algunas cosas importan más que otras, pero todo importa. Todo pesa algo, así que hay que ir comprobando si las asociaciones inclinan la balanza hacia lo positivo o hacia lo negativo. No está de más mirar, ¿verdad? La ignorancia nunca es la mejor política. Saber es la mejor política.

TODO IMPORTA.

Recuerda que parte del propósito de este libro es que digamos: "Los días de engañarme a mí mismo han terminado. Quiero saber realmente en qué he llegado a ser y en qué me estoy convirtiendo. Quiero saber dónde están mis puntos fuertes y mis puntos débiles; qué tiene poder sobre mí; qué y quién me influye. ¿Qué he permitido que afecte a mi vida?".

Quizás hayas escuchado el cuento del pajarito que tenía su ala sobre el ojo y estaba llorando. El búho le dijo al pajarito: "Estás llorando".

Sí —dijo el pajarito. Y apartó su ala de su ojo.

Oh, ya veo —dijo el búho. —Estás llorando porque el pájaro grande te picoteó y sacó el ojo.

Y el pajarito dijo: —No, no estoy llorando porque el pájaro grande me sacó el ojo. Estoy llorando porque se lo permití.

Es fácil dejar que las influencias den forma a nuestras vidas, permitir que las asociaciones determinen nuestra dirección, dejar que las persuasiones nos invadan, permitir que las mareas nos arrastren, dejar que las presiones nos formen. *La gran pregunta es: ¿Nos permitimos convertirnos en lo que deseamos?*

TOMA EL CONTROL

En este importante tema de asociación. hay algunas acciones que posiblemente quieras tomar.

DISOCIAR

En primer lugar, disociar. Después de estudiar las tres preguntas, puedes llegar a la seria conclusión de que hay algunas personas de las que tienes que disociarte porque su influencia no te beneficia. Sé que no es un paso fácil de dar y que no hay que tomarlo a la ligera. Sin embargo, digo que puede ser una tarea esencial. Puede que tengas que tomar esa difícil decisión de no dejar que ciertas influencias negativas te afecten más. Recuerda que puede ser una elección que salve la calidad de tu vida.

LIMITAR ASOCIACIONES

La segunda medida que puedes tomar es *limitar tu asociación* con ciertas personas. Es muy posible que estés pasando demasiado tiempo en un área determinada de tu vida con un determinado grupo de personas.

Es fácil dedicar tiempo y esfuerzo al lugar equivocado. Alguien que pasa tres horas en el juego de pelota pero 30 minutos escuchando el sermón está viviendo una vida desequilibrada. Eso no pesa bien dentro de cinco o diez años cuando echas un vistazo a la suma total de los valores de tu vida. Una de las formas más sencillas de acabar teniendo una vida mediocre y solo promedio es dedicar mucho tiempo a cosas menores.

Lo que sigue es *sopesar cada decisión*. Las personas sofisticadas aprenden a sopesar cada decisión antes de gastar tiempo o dinero. Hay que sopesar antes de pagar. Tanto si vas a gastar mucho tiempo como si vas a gastar poco, sopesa primero. De lo contrario, si no tienes cuidado, puedes caer en la trampa de pasar tiempo valioso con gente de peso ligero. Por supuesto, está bien tener amigos casuales, siempre que les dediques tiempo casual, no tiempo serio. Dedica tiempo importante a las personas influyentes más importantes y tiempo menor a las personas influyentes menos importantes. Es muy fácil hacer lo contrario, pero que no se diga que has caído en esta trampa.

NO TE DEJES ATRAPAR:
NO PASES TIEMPO EXCESIVO
CON GENTE LIGERA.

Así que puede que todo lo que tengas que hacer para mejorar las influencias en tu vida sea simplemente limitar el tiempo que pasas con ellas. Puede que tengas que decirte a ti mismo: "Me lo paso bien con estas personas, pero ya no voy a pasar días enteros con ellas. Voy a dedicar más tiempo a la gente positiva y a dedicar más tiempo a emprendimientos importantes".

Recuerda que es tu vida. Puedes pasar tu tiempo con quien quieras y cuando quieras, no has dedicado tiempo para leer este libro solo para que yo te engañe. Analiza tus prioridades y tus valores. Tenemos tan poco tiempo a nuestra disposición. ¿No tendría sentido invertirlo sabiamente?

Si sólo tienes 100 dólares en el bolsillo, está bien gastar 20 en diversión y destinar 80 a tus valores y compromisos importantes. ¿Pero te beneficiaría a largo plazo si continuaras con esos porcentajes? No. Es mejor poner la mayor parte de tu dinero donde sabes que te dará un rendimiento positivo que ponerlo donde el gusto es breve y los resultados son pobres.

Por supuesto, tú debes ser el juez, debes determinar si la situación y las personas exigen una disociación o una asociación limitada. Pero recuerda, si no te está llevando a donde quieres estar dentro de cinco o diez años, ahora es el momento de corregirlo.

EXPANDIR ASOCIACIONES

El tercer proceso es la asociación expandida. Este es el que te sugiero con más fuerza que empieces ahora mismo. Pasa más tiempo con la gente correcta, gente de sustancia y cultura, gente que entiende filosofía y disciplina, gente de logros y carácter.

Hace muchos años, el Sr. Shoaff me dijo: "Sr. Rohn, si realmente deseas tener éxito, tienes que rodearte de la gente correcta". Luego dijo: "Parece que en tus circunstancias actuales, tendrás que tramar y maquinar".

Y era cierto; tenía que tramar y maquinar para llegar a las personas correctas. Al principio, cuando creaba oportunidades para reunirme con personas influyentes de éxito, estacionaba mi auto a un par de cuadras de distancia. Sabía que si veían mi viejo y destartalado auto, nunca me darían entrada. En más de una ocasión me preguntaron: "¿Cómo llegaste?". A lo que yo respondía: "Oh, alguien me dejó". En realidad, era yo quien me dejaba a un par de cuadras. Hagas lo que hagas, hazlo.

Para expandir tus asociaciones, sigue haciéndote la pregunta: *¿Con quién puedo pasar tiempo que tendrá una influencia positiva en mi vida?* Utilicé todos los trucos que se me ocurrieron para acercarme a las personas indicadas. Y valió la pena.

Me sorprendió saber que, por una modesta inversión para relacionarse uno con personas importantes, lo único que posiblemente cueste es pagar la cuenta del almuerzo. Si tuvieras la oportunidad de sentarte durante una o dos horas con una persona rica y todo lo que tuvieras que hacer fuera pagar el almuerzo, ¿no sería una ganga? Esa persona podría soltarte una idea que podría cambiar tu vida. Tienes que obtener tu plan de éxito de personas con éxito. No recojas un plan financiero de personas sin éxito.

NO HACE FALTA SER RICO PARA TENER UN PLAN DE RIQUEZA.

Aquí tenemos algo también emocionante. Es posible que personas de medios modestos inicien un plan de riqueza. No hace falta ser rico para tener un plan de riqueza. Del mismo modo, no tienes que estar sano para empezar un plan de salud. Todo lo que tienes que ser es inteligente, lo suficientemente inteligente como para decir: "Oye, tengo el plan equivocado y me voy a acercar a alguien que tiene un plan mejor y lo voy a hacer en mi plan".

Ve a buscar gente exitosa que te ayude a armar tu plan de éxito; encuentra a alguien sano para obtener un mejor plan de salud sobre el cual actuar; encuentra a alguien que viva un estilo de vida singular para desarrollar tu propio y mejor plan de estilo de vida. A esto se le llama asociación a propósito: rodearse de las personas correctas al ampliar tu círculo de influencia.

Tengo un amigo realmente singular, de quien ya hice mención en el capítulo 6. Siempre intento encontrar más formas de pasar más tiempo con él. Es millonario, empresario, viajero y, en mi opinión, uno de los más grandes filósofos del mundo. Tiene dos dones especiales, entre muchos otros, que hacen que merezca la pena todo el tiempo que pueda pasar con él. Y esos dones son la capacidad de absorción y el don de expresión.

Su capacidad de absorción significa que puede absorber un día y todos sus acontecimientos; su memoria es asombrosa. Juro que recuerda con detalle casi todos los días de su vida y todos los libros que ha leído. Y su segundo don singular es el de la expresión. Es capaz de poner en palabras todo lo que ha visto, tocado y sentido, palabras emocionantes. Cuando habla, puedo sentir el agua en mis pies, ver los colores, oler el aroma de las flores y la comida. Qué dones tan especiales … la capacidad de absorber y expresar.

Si paso un día con él, recibo el valor de mi tiempo. Él puede meter un año en una conversación de un día. Me deja embelesado. Puede leer un libro y, con un detalle impecable, dar una versión en cápsula y, la mayoría de las veces, hacerla más emocionante que si yo mismo hubiera leído el libro. Desde Shakespeare hasta los Beatles, desde África hasta Beverly

Hills, lo tiene grabado en su mente y puede expresarlo con espíritu y precisión. Pueden imaginarse el valor de esta asociación para mí. Gracias a esta asociación, he multiplicado muchas veces mis conocimientos, mi percepción, mi habilidad, mi empresa y mi estilo de vida.

¿QUIÉN ES TU PENSADOR FAVORITO?

Aquí te tengo otra buena pregunta: *¿Adónde vas para tu banquete intelectual?* Compadece a la persona que tiene un restaurante favorito, pero no un pensador favorito. Elegimos un lugar favorito para alimentar nuestro cuerpo, pero no tenemos un lugar favorito para alimentar nuestra mente. Una forma de relacionarse con personas influyentes es a través de sus escritos, libros, páginas web, blogs, lo que puedas encontrar. Quizá no puedas conocer a personas de éxito en persona, pero puedes leer sobre ellas. Winston Churchill hace mucho tiempo que falleció, pero dejó libros en los que podemos conocer su increíble vida. Aristóteles tiene muchísimos más años de no estar entre nosotros, pero aún tenemos sus ideas para leer. Busca libros en la biblioteca, busca revistas y documentales. Hay muchas formas de obtener asociaciones significativas y de disfrutar un banquete intelectual.

TIEMPO PARA COMPARTIR

Además de leer y escuchar, también necesitamos hablar y compartir algo. Tengo personas en mi vida con las que paso tiempo regularmente y que me ayudan a encontrar respuestas a preguntas importantes de la vida, que me ayudan a refinar mi propia filosofía, a sopesar los valores y a ponderar cuestiones sobre el éxito y estilo de vida. Todos necesitamos asociarnos con personas de sustancia para que nos influyan en cuestiones importantes como la sociedad, el dinero, la empresa, la familia, el gobierno, el amor, la amistad, la cultura, los gustos, las oportunidades y la comunidad.

EL COMPORTAMIENTO RECIBE SU MAYOR INFLUENCIA DE IDEAS, LA IDEAS DE LA EDUCACIÓN, LA EDUCACIÓN DE NUESTROS ASOCIADOS.

El comportamiento recibe su mayor influencia de las ideas, y las ideas reciben su mayor influencia de la educación. Y la educación recibe su mayor influencia de la gente con la que nos relacionamos. Por tanto, no te juntes con gente demasiada leve; asegúrate de rodearte de gente que pueda hacerte las preguntas adecuadas sobre las últimas ideas que has descubierto, sobre tu filosofía, tu empresa, tus metas, tu estilo de vida. Ve allí donde las exigencias son altas, donde las expectativas son altas, donde el enfoque es crecer, producir y llegar a ser más de lo que eres actualmente.

Una de las grandes y buenas fortunas de mi vida fue estar cerca del Sr. Shoaff esos cinco años. Durante ese tiempo, compartió conmigo en una cena, en un avión, en una conferencia de negocios, en conversaciones privadas, con un grupo, todas las ideas que me hicieron hacer ajustes útiles y necesarios en mis pensamientos y actividades. Y esos cambios diarios, algunos tan leves, tan importantes, sumaron cantidades sustanciales en un año, tres años y cinco años.

LA IMPORTANCIA DE LAS PREGUNTAS

Gran parte del valor de esta asociación fue que el Sr. Shoaff repitiera las ideas una y otra vez. No se puede escuchar lo básico, los fundamentos, las piezas principales de la filosofía de la vida con demasiada frecuencia. Entre más escuchas, más se absorbe.

Otro aspecto valioso fue la capacidad única del Sr. Shoaff de comprobar y medir mi progreso, lo cual es muy importante. Hay que tener un progreso medible y alguien que monitoree ese progreso.

Nunca olvidaré la primera lista de metas que confeccioné tras la charla del Sr. Shoaff durante un desayuno sobre la fijación de metas. Mi lista contenía sólo cuatro o cinco metas. Cuando se la mostré, me dijo: "¿Esta es tu lista?".

Le dije: "Sí".

Entonces empezó a hacer esas preguntas tan sabias que todas las personas de éxito y de peso tienden a hacer: "¿Y tus metas de salud?". Yo no tenía ninguna en mi lista.

Preguntó: "¿Qué de tus metas de inversión?" No las tenía.

Preguntó: "¿Qué de tus metas de viaje? ¿Tus metas familiares? ¿Qué de tus metas de dar y de compartir? ¿A quién te gustaría conocer? ¿Qué quisieras llegar a ser? ¿Qué habilidades te gustaría desarrollar? ¿Alguna vez quisiste escribir un libro? ¿Un poema? ¿Te gustaría ser una persona sofisticada, con poder, influencia y cultura? ¿Y la educación de tus hijos? ¿Te gustaría no tener deudas? ¿Qué tal una espléndida biblioteca repleta de los mejores libros? ¿Te gustaría hacer nuevos amigos? ¿Deseas lanzarte en paracaídas desde un avión, pilotar un planeador, poseer una biblioteca de música? ¿Te gustaría conocer Nueva York, visitar París, explorar Roma? ¿Necesitas un rancho algún día, una cabaña en la montaña? ¿Hay algo que te gustaría comprobar? ¿Una marca que te gustaría dejar?".

Guau. Qué conversación tan estimulante fue esa, y solo fue una de las muchas que llegamos a tener durante esos cinco años. Qué fantástico estímulo es tener a alguien que pueda hacer las preguntas correctas. Recuerda que lo importante no son solo las respuestas, sino también las preguntas. Algunas de las influencias más valiosas provienen de personas con la conciencia y la habilidad de hacer las preguntas más importantes.

UN PROYECTO QUE CONSIDERAR

He aquí un proyecto que puedes considerar. Elige a dos o tres personas por las que tengas gran respeto. Pídele a cada una de ellas que haga una lista de las principales preguntas que harían si quisieran ayudar a alguien a tomar las mejores decisiones que conducen a una vida exitosa y feliz. Si obtienes tres listas de tres personas, te sorprenderán las diferencias entre ellas. Las personas de éxito abordan la vida desde una variedad de experiencias y una variedad de actitudes. Ahora, partiendo de estas preguntas, es posible que obtengas suficiente tarea para estar ocupado adquiriendo sabiduría durante años.

Otro beneficio de mi asociación con el Sr. Shoaff fue que seguí creciendo en experiencia, conocimientos y logros, y pude aportar todo ese valor a las mismas preguntas básicas. Qué experiencia de aprendizaje fue esa. Algunas de las primeras preguntas a las que no les había dado importancia, más tarde vi la creciente importancia que tenían. En realidad era mi educación la que estaba cambiando, no las preguntas.

Es como leer la Biblia o escuchar audiolibros; cuando has añadido una experiencia medible, ahora aportas a la lectura y a la escucha un nuevo valor. Ahora escuchas y lees a un nuevo nivel. Y la sustancia extraída y la sabiduría obtenida de ese nuevo nivel bien puede ser donde se desarrolle tu fortuna y lo mejor de tu estilo de vida.

PARA ATRAER A PERSONAS VALIOSAS, NECESITAS SER ATRACTIVO.

Un pensamiento más: empéñate en llegar a ser la clase de persona con la que la gente de calidad y sustancia quiere asociarse. Conviértete en una persona de lenguaje hábil, de actitud positiva, bien leída y disciplinada, una persona de cultura e inteligencia. Esta reputación te recompensará de forma única, atrayendo a personas interesantes hacia ti. Recuerda que para atraer a personas valiosas debes ser atractivo.

9

FIJAR METAS

La fijación de metas es la base del logro verdaderamente excepcional. Metas claras, vívidas y fervientes pintan una visión del futuro de manera adelantada y proveen la inspiración que necesitamos para seguir avanzando hacia esa visión.

Ahora que tienes la base filosófica y las estrategias prácticas para hacer cambios en cualquier área de tu vida, este capítulo te introduce a ideas singulares en cuanto a la fijación de metas, una estrategia que me ayudó a mí hacer realidad los cambios que deseaba en mi vida.

> **LA FIJACIÓN DE METAS ES LA BASE DE TODO LOGRO VERDADERAMENTE EXCEPCIONAL.**

De todas las cosas que cambiaron mi vida para mejor de la manera más rápida, fue aprender a fijar metas. Dominar este proceso singular puede tener un efecto poderoso en tu vida también.

Una mañana durante el desayuno poco tiempo después de haber conocido al Sr. Shoaff, él pidió ver mi lista actual de metas. Dijo— Permíteme ver tu lista de metas y repasémoslas y hablemos de ellas. Quizá sea la mejor forma en que te pueda ayudar ahora.

Dije: —No tengo una lista.

Él dijo: —Pues, la tienes en tu auto o en tu casa en alguna parte?

Dije: —No, Señor. No tengo una lista en ninguna parte.

Él dijo: —Pues joven, es allí donde debemos empezar. —Luego añadió: Si no tienes una lista de tus metas, puedo adivinar su saldo bancario con una aproximación de unos cientos de dólares", y así lo hizo".

Eso captó mi atención.

Dije: —¿Quiere decir que si yo tuviera una lista de metas eso cambiaría mi saldo bancario?

Él dijo: —Drásticamente.

Ese día me convertí en un estudiante de cómo fijar metas, y tal como él dijo, cuando cambió mi vida, toda mi vida cambió. Mis ingresos, mi cuenta bancaria, mi personalidad, mi estilo de vida y mis logros.

Así que, por supuesto que quiero compartir contigo lo mejor que he aprendido y practicado en cuanto a la fijación de metas.

Primero, todos nos vemos afectados por cinco factores: 1)el medio-ambiente; 2)eventos; 3)conocimiento; 4)resultados; y 5)sueños; los cuales con frecuencia se pasan de largo pero afectan nuestras vidas y nuestra visión del futuro.

De todas estas cinco influencias, asegúrate de que tus sueños son la mayor influencia en tus decisiones y actividades diarias. Dicho de otro modo, asegúrate de que el mayor atractivo para ti es la atracción del futuro. Para que tus sueños te influyan en gran medida y el futuro te atraiga, tu futuro debe estar bien planificado. Hay dos maneras de enfrentar el futuro: una con aprehensión y la otra con anticipación. Muchas personas enfrentan el futuro con aprehensión. ¿Por qué? No lo han diseñado bien y sin realmente pensar en ello, probablemente han comprado la perspectiva de otra persona en cuanto a cómo vivir.

Enfrentarás el futuro con anticipación cuando hayas planeado un futuro emocionante. Cuando has diseñado los resultados de tu futuro por adelantado, tu futuro captará tu imaginación. Ejercerá una enorme influencia sobre ti.

Para diseñar tu futuro, debes tener metas. Metas bien definidas son como imanes que te atraen en su dirección. Entre mejor las defines y describas, más duro trabajas en ellas y lo más fuerte será la atracción de alcanzar una.

Tener metas también te sacará de toda clase de dificultades. Sin metas, es fácil permitir que la vida se deteriore al grado de que solo estás ganando lo suficiente para subsistir. No es difícil atraparse por la necesidad económica y conformarse con existencia en vez de substancia. Todos tenemos una elección. O podemos ganar la vida o diseñar una vida.

**PUEDES GANAR LA VIDA O
DISEÑAR UNA VIDA...
ES TU ELECCIÓN.**

El Sr. Shoaff me dijo: "No creo que tu saldo bancario actual sea un indicador acertado de tu nivel de inteligencia". Me dio gusto escuchar eso.

Dijo: "Creo que tienes bastante talento y habilidad y que eres mucho más inteligente de lo que indica tu saldo bancario".

Resultó ser cierto. Yo era mucho más inteligente. Mi pregunta para él era: ¿Entonces por qué no es mi saldo bancario una cantidad mayor?"

Él dijo: —No tienes suficientes razones para lograr grandes cosas. Si tuvieras suficientes razones, podrías hacer cosas increíbles. Tienes suficiente inteligencia, pero no suficientes razones. Esa es la clave. Debes tener suficientes razones.

RAZONES PRIMERO, RESPUESTAS SEGUNDO

En mis años de estudio, también he descubierto que las razones vienen primero, y las respuestas, segundo. La vida tiene una forma extraña de esconder todas las respuestas y revelarlas solo a las personas que se han visto inspiradas a buscarlas, que tienen razones para buscarlas. Dicho de otra manera, cuando sabes lo que quieres y lo quieres con suficiente intensidad, encontrarás maneras de conseguirlo. Las respuestas, los métodos, las soluciones, llegarán a ser evidentes para ti.

Dime, ¿qué si tenías a fuerzas que ser rico? ¿Existen libros y escritos que abordan el tema? La respuesta es sí. Y bastantes libros buenos. Pero si no tienes que ser rico, probablemente no leerás los libros ni asistirás a seminarios. Lo que nos impulsa a encontrar las respuestas es la necesidad. Así que trabaja en tus razones primero, las respuestas segundo.

RAZONES PERSONALES

¿Cuáles son algunas razones para prosperar? Las razones varían de persona a persona. Estoy seguro de que si examinaras tu corazón, saldrías con una lista bastante fuerte de por qué quieres lograr grandes cosas. Existen razones personales, a veces razones personales muy singulares. Algunas personas hacen todo para prosperar por el reconocimiento. Otros prosperan debido a la forma en que les hace sentir. Les encanta el sentimiento de ser ganador. Esa es una de las mejores razones.

SÉ GANADOR

Tengo algunos amigos millonarios que siguen trabajando de 10 a 12 horas la hora, haciendo más millones. No es porque necesiten el dinero. Es debido al gozo, el placer y la satisfacción que les viene por ser ganadores constantes. Para ellos, el dinero no es su impulso principal. Es la travesía. De cuando en cuando alguien me dice: "Si yo tuviera un millón de dólares, nunca volvería a trabajar ni un día en mi vida". Pues, probablemente esa es la razón por qué el Señor se encarga de que nunca obtengan un millón, porque simplemente ya no harían nada y dejarían de ser productivos.

LA FAMILIA

La familia es otra razón o motivador para hacer todo para prosperar. Algunas personas prosperan mucho debido a otras personas. Esa es una razón poderosa. A veces haremos cosas para otra persona que no haríamos para nosotros mismos. Hemos sido hechos así. Conocí a un hombre en una ocasión que me dijo: "Sr. Rohn, para hacer todo lo que quiero hacer en derredor del mundo con mi familia, necesito ganar cuando menos un cuarto de millón de dólares por año". Pensé: Increíble. ¿Podría la familia de una persona afectarle tanto así? La respuesta es sí, por supuesto. Cuán afortunadas son las personas que se ven grandemente afectadas por otros. Es poderoso.

AYUDAR A OTROS

La benevolencia, el deseo de compartir, puede ser una razón poderosa para desear lograr. A algunas personas les va bastante bien reuniendo recursos para que puedan entonces ser benefactores. Cuando Andrew Carnegie, un industrial de acero extremadamente rico murió, se dice que en uno de los cajones de su escritorio encontraron una hoja de papel. En este papel había escrito las metas ara su vida; las escribió cuando estaba en sus 20. En esta hoja de papel había escrito: "Voy a pasar la primera mitad de mi vida acumulando dinero. Voy a pasar la segunda mitad de mi vida regalándolo todo". Eso es tremendo. Estaba tan inspirado por esa meta, que durante la primera mitad de su vida acumuló $480 millones; el equivalente de más de 13 mil millones de dólares hoy en día. "La venta hizo a Carnegie el hombre más rico del mundo, pero el llamado 'Príncipe de Acero' no se quedó contento de quedarse sentado sin hacer nada y solo contar su dinero. Diciendo que "el hombre que se muere rico es una desgracia", se reinventó como un filántropo y pasó sus años posteriores para usar su fortuna para la superación de la sociedad".[1]

Una nota muy interesante acerca de Andrew Carnegie: ayudó a fundar la creación de unas 2.800 bibliotecas a través del mundo. [2]

> Para Andrew Carnegie, los libros eran una herramienta indispensable para la superación personal y la elevación social. Nacido pobre en Escocia en 1835, el futuro industrial emigró a los Estados Unidos siendo adolescente y se instaló en Pensilvania con su familia. A los 13 años ya trabajaba 12 horas al día, primero como canillita en una fábrica textil y después como mensajero en una oficina de telégrafos. Sin tiempo para ir a la escuela, Carnegie se vio obligado a educarse tomando prestados libros del coronel James Anderson, un hombre rico de la zona que abría su biblioteca privada a los jóvenes trabajadores de la comunidad. Carnegie reconocería más tarde que la biblioteca gratuita de Anderson le ayudó a agudizar su mente y a aliviar la monotonía de su trabajo. "A él le debo un gusto por la literatura que no cambiaría por todos los millones que haya acumulado el hombre", escribió en su autobiografía. [3]

Asombroso.

¿Qué te emociona? ¿Qué te hace levantarte temprano, trabajar duro todo el día, y desvelarte por las noches? ¿Qué te inspira? Próxima pregunta. ¿Qué no te emociona? Cuando encontré las respuestas a esas dos preguntas, mi vida explotó con cambios. Finalmente supe que había permitido que una filosofía negativa de la vida me limitara. Curé eso por medio de reemplazar esa filosofía con una mentalidad emocionante y positiva.

Luego encontré una lista lo suficientemente larga de razones para entusiasmarme y motivarme. Una vez que se me encendieron las luces a los 25 años, nunca se han apagado. Me caí del cielo unas cuantas veces, pero nunca perdí el impulso de hacer algo singular con mi vida.

PROFUNDAMENTE SENCILLO

Esto es lo sencillo que es ahora establecer metas. No tiene ningún misterio. No tienes que anclar. No te tienes que enfocar. No tienes que visualizar. Nada de eso. Esto es lo sencillo que es establecer metas: Decide lo que quieres y escríbelo.

Así de sencillo es. Decide lo que quieres y escríbelo, haz una lista de preguntas como las siguientes y otras que se te ocurran:

- ¿A dónde quiero ir?

- ¿Qué quiero hacer?

- ¿Qué quiero ver?

- ¿Dónde quiero estar?

- ¿Qué quiero tener?

- ¿Qué quiero compartir?

- ¿Qué proyectos quiero apoyar?

- ¿Por qué me gustaría ser conocido?

- ¿Qué habilidades quiero aprender?

- ¿Qué cosas extraordinarias quiero hacer?

- ¿Qué cosas ordinarias?

- ¿Cuáles cosas tontas quisiera hacer?

- ¿Qué cosas sumamente importantes quiero hacer?

Decide cuáles son tus respuestas y anótalas, anótalas, anótalas.

Así es de sencillo.

Esta es tu propia lista privada. Si quieres que siga siendo realmente privada, ponla en código para que nadie más pueda entenderla. Escribe cosas sencillas, tontas, lo que sea, no importa. Es tu lista personal de metas. Cuando logras una, táchala, lo cual es una sensación muy satisfactoria.

UNA LISTA MUY PERSONAL

Tengo que admitir que me he vengado un poco de alguien de mi primera lista. Una empresa de cobro de deudas me acosaba. Llevaba dos o tres pagos atrasados y este tipo me llamaba incesantemente haciendo comentarios como: "Vamos a venir a por tu coche, a arrastrarlo por la calle delante de tus vecinos". Trataba de humillarme de todas las maneras posibles.

Cuando conocí al Sr. Shoaff y puse en orden mi vida, una de las primeras entradas en mi lista fue el nombre de esta empresa. Cuando por fin conseguí el dinero para pagarles, lo puse en billetes pequeños en un gran maletín. Luego entré en la oficina de Wilshire Boulevard en Los Ángeles. El tipo que me acosaba tan a menudo estaba allí, así que pasé por delante de un par de escritorios hasta llegar a su despacho. Abrí la puerta, me acerqué a su escritorio y me puse delante de él. Sin decir una palabra.

"Bien, ¿qué estás haciendo aquí?"

No dije una palabra. Sólo abrí el maletín y volqué el montón de billetes sobre su escritorio.

Le dije: "Cuéntalo. Está todo ahí. Jamás regresaré". Me di la vuelta, salí y di un portazo. Puede que eso no sea noble, pero quizá quieras intentarlo al menos una vez: fue muy gratificante cuando los taché de mi lista.

Lleva tu lista contigo. Yo guardo mi lista en mi diario para poder volver cinco años atrás y ver lo que había. Suelo avergonzarme un poco de lo que creía que era tan importante. Mi filosofía ha cambiado desde hace diez años, cinco años, tres años. La tuya también lo hará. Guarda todas tus listas de metas, ya que cada una muestra tu crecimiento, tu capacidad de cambiar y crecer. Tu filosofía crece y expande lo que es valioso. Establece metas. No importa lo pequeños o aparentemente tontos que sean, ponlos en tu lista.

Mi amigo japonés puso en su primera lista: "Me gustaría tener un jardinero caucásico". Me pareció bien. Me gustó.

ESTABLECE METAS QUE TE ESTIRAN

Establecer metas es profundamente sencillo. Tú y tu cónyuge pueden establecer metas matrimoniales. Tú y tus hijos pueden establecer metas. Toda la familia puede fijar metas y escribirlas. Reúnete con tus compañeros de trabajo, decidan y luego escriban las metas. Es así de fácil.

Ahora permíteme que te dé un escenario más sobre la fijación de metas. Cuando empecé a hacer mi primera lista, el Sr. Shoaff dijo: "Sr. Rohn, parece que vamos a estar juntos por un tiempo". Dijo: "Tengo una sugerencia para ti de lo que debería ser una de las primeras metas que debes establecer. Eres un hombre norteamericano de 25 años. Seguro que has cometido algunos errores, pero ahora estás en el camino hacia cosas mejores. Tienes una familia, y las razones marcan la diferencia. Tienes todas las razones para hacer esto".

Luego dijo: "Además de todas las metas que te vas a poner, por qué no te pones como meta ser millonario". Luego dijo: "Además de todas las metas que te vas a poner, por qué no te pones como meta ser millonario".

¿Millonario?

Dijo: "Suena muy bien".

Un millonario.

Luego me enseñó una de las más grandes lecciones que jamás he aprendido; toda en una sola frase".

Dijo: "Establece la meta de llegar a ser millonario y he aquí la razón: por lo que hará de ti para lograrlo".

La sabiduría que te estoy compartiendo ahora vale el precio de este libro si captas lo que él me dijo.

Establece una meta que te estirará mucho, por lo que hará de ti para lograrlo. ¡Una nueva razón importante para fijar metas; un desafío más amplio para tener una mejor visión del futuro! ¿Para qué? Para ver lo que hará de ti para lograrlo. ¿Por qué? Porque el mayor valor de la vida no es lo que obtienes: el mayor valor de la vida es lo que llegas a ser.

ESTABLECE LA CLASE DE METAS QUE HARÁ ALGO DE TI PARA LOGRARLAS.

Como se ha mencionado previamente, la pregunta principal que hacer en el empleo no es: "¿Qué estoy consiguiendo aquí?" La principal pregunta que hacerte es: "¿En qué me estoy convirtiendo aquí?" No es lo que obtienes lo que te hace valioso. Es lo que llegas a ser lo que te hace valioso.

Así que el Sr. Shoaff dijo: Establece la meta de llegar a ser millonario por lo que hará de ti para lograrlo". La frase clave en el establecimiento de metas: Establece la clase de metas que hará algo de ti para lograrlas. Siempre mantén eso en mente. ¿Qué hará esto de mí? Si establezco esta meta y la persigo, no solo la alcanzaré, sino, ¿qué hará de mí en el proceso? ¡Qué concepto totalmente nuevo en el establecimiento de metas!

ESPERA MÁS DE TI MISMO

Hay dos partes concerniente a fijar metas para lo que llegues a ser:

NO FIJES METAS A UN NIVEL DEMASIADO BAJO

Número uno, no te fijes metas a un nivel demasiado bajo. En el liderazgo enseñamos a no unirse a un grupo fácil porque no crecerás. Ve donde las expectativas son altas. Ve donde las exigencias son altas. Ve donde la presión es para rendir, crecer, cambiar, desarrollarse, leer, estudiar y desarrollar habilidades.

Pertenezco a un grupo pequeño. Emprendemos negocios alrededor del mundo. ¡No puedes creer las expectativas a este nivel! Lo que esperamos el uno del otro en términos de la excelencia va mucho más allá de lo promedio. ¿Por qué? Para que cada uno podamos crecer, para que podamos recibir del grupo. Podemos contribuir al grupo algo que no tiene precedente. Se llama vivir en la cumbre. Ve donde las demandas son altas. Ve donde las expectativas son altas para provocarte, empujarte urgentemente, insistir que no permanezcas igual por los siguientes dos años, los siguientes cinco años, que crecerás y cambiarás. Así que no te pongas metas a un nivel demasiado bajo. Puede que alguien diga: "Pues, no necesito mucho". Pues bien, esa persona no necesita llegar a ser mucho.

NO HAGAS CONCESIONES

El segundo aspecto en establecer metas para lo que has de llegar a ser: No hagas concesiones. En esos primeros años pagué un precio demasiado alto por algunas cosas. Si hubiera sabido cuánto me iba a costar, nunca lo hubiera pagado, pero no lo sabía. No te vendas. Una frase bien conocida nos advierte: "Cuenta el costo". Yo hago eco a esta declaración: "Cuenta el costo, cuenta el costo, cuenta el costo".

El dinero solo no da felicidad. Una antigua historia ilustra bien esta verdad. A Judas le dieron 30 piezas de plata para traicionar a Jesús. En aquellos días eso era una gran suma de dinero. ¿Cuál fue el costo final de adquirir esa riqueza? Judas llegó a estar tan atormentado por lo que había hecho que se suicidó. Las antiguas escrituras lo resumen de esta manera: "Pues, ¿de qué le sirve a un hombre ganar el mundo entero y perder su alma??" [4]

La fuente máxima de la felicidad así como de la tristeza viene desde nuestro interior. Es allí donde comienza la erosión, cuando uno cede y hace concesiones que convienen. La infección de la infelicidad comienza en nuestro interior; cuando no nos sentimos bien con nosotros mismos.

**NUNCA HAGAS CONCESIONES
A TUS VALORES, VIRTUDES
O TU FILOSOFÍA.**

Dos buenas palabras de las antiguas escrituras: contemplar y tener cuidado. Contemplar es positivo. Contempla las posibilidades. Contempla la oportunidad. Contempla la belleza. Contempla la maravilla. Contempla la singularidad. Contempla la majestuosidad. ¡Contempla, contempla! Qué buena palabra. Cuidado connota peligro, negatividad. Judas probablemente advertiría a otros que no se vendieran por dinero. Ten cuidado con las metas que te conducen a la dirección equivocada. Cuenta el costo de lo que llegas a ser en tu búsqueda de lo que quieres. Ojalá te inspire a establecer el tipo de metas que transformarán tu vida y te harán mucho mejor de lo que eres, mucho más fuerte de lo que eres.

NOTAS

1. Evan Andrews, "Andrew Carnegie's Surprising Legacy," *History.com*, August 29, 2018; https://www.history.com/news/andrew-carnegies -surprising-legacy; accedido el 19 de octubre, 2021.

2. Ibid.

3. Ibid.

4. Marcos 8:36 Nueva Versión Internacional

10

DISEÑA TU FUTURO

Ahora vamos a tomar algo de tiempo para de hecho comenzar a diseñar los próximos diez años de tu vida por medio de establecer metas. El establecimiento de metas es una de las habilidades más importantes para desarrollar si quieres diseñar tu futuro.

Te dará suficiente tarea no solo para mantenerte ocupado el resto de tu vida, sino también para ayudarte a crear la clase de vida con la cual posiblemente siempre has soñado vivir, pero nunca creíste posible.

Así que, ¡sigamos! Entre más pronto ejerzas la disciplina, más pronto estarás disfrutando de los resultados. Una vez que los resultados sean obvios, créeme que no te pesará el trabajo duro y la disciplina que requiere.

METAS A LARGO PLAZO

Ahora toma una hoja de papel y en la parte superior escribe las palabras Metas a Largo Plazo. Te voy a hacer algunas preguntas, y quiero que anotes las respuestas. Si no tienes papel y pluma a la mano, usa tu computadora o sigue conmigo de todas maneras. Después, lee el capítulo de nuevo y anota tus ideas. Después de que yo haya hecho las preguntas, lo cual es la primera parte de este ejercicio, deja de leer y dedícate a trabajar sobre tus respuestas.

Ahora, empecemos con este ejercicio.

La pregunta básica que vas a contestar: ¿Qué quiero dentro de los próximos uno a diez años?" Quiero que tomes alrededor de 12 a 15 minutos y haz una lista de cuando menos 50 cosas que quieres dentro de uno a 10 años. Estas son metas a largo plazo.

Para ayudarte con tu lista, considera estas preguntas:

- ¿Qué quiero hacer?

- ¿Qué quiero ver?

- ¿Qué quisiera ser?

- ¿Qué quiero tener?

- ¿A dónde quiero ir?

- ¿Qué quisiera compartir?

Ahora, con estas preguntas difíciles iniciadoras en mente, contesta la pregunta básica: ¿qué quiero hacer dentro de uno a diez años? A ver cuántas cosas puedes anotar. En este punto, no te tomes el tiempo para describir en detalle todo lo que quieres. Este es el tiempo para permitir que tus pensamientos salgan a luz, escribir rápidamente, y abreviar.

Por ejemplo, si solo escribes 380, sabrás a lo que te refieres. No tienes que describir el color y el interior del auto. Harás eso más adelante en este ejercicio. Ahora solo quiero que abrevies y escribas rápidamente. Haz la lista tan larga como posiblemente puedas. Procura escribir cuando menos 50 cosas que quieres dentro de los próximos uno a diez años. Estas son metas a largo plazo. Pasa alrededor de 12 a 15 minutos en esto.

TIEMPO ESTIMADO PARA LOGRARLOS

Después de que hayas contemplado tu lista, estás listo para la siguiente parte de tu ejercicio. Repasa tu lista, y junto a las cosas que crees poder lograr o conseguir dentro de un año desde ahora, escribe un número uno. Luego a lo que puede tomar tres años para realizar, escribe un tres. Luego lo que requerirá cinco años para lograr, escribe un cinco. Y junto a lo que tardará diez años para lograr, escribe un 10. Ahora repasa la lista y dentro de lo mejor de tu habilidad, escribe el número de años que cada uno probablemente requerirá para lograr. Algunas grandes metas posiblemente requieran los 10 años.

Una vez que completes esta parte del ejercicio, posiblemente llegues a la conclusión de que necesitas muchas más metas de tres años y menos metas de un año, por ejemplo. O que necesitas más metas de 10 años. Mientras estás trabajando en una meta, debes tener otra meta en las etapas de planeación. Si no lo haces así, lo que les ocurrió a algunos de los primeros astronautas del Apolo te podría ocurrir a ti.

Después de regresar de la luna, algunos de esos astronautas pasaron por algunos problemas profundos sicológicos y emocionales. ¿Por qué? Pues después de que hayas estado en la luna, ¿adónde vas a partir de allí? Eso parecía ser el final. Lo que los astronautas posteriormente hicieron fue asegurarse de que tenían proyectos importantes esperándolos para cuando regresaran de su viaje en el espacio. La manera de mejor disfrutar de la vida es completar una meta e inmediatamente comenzar a trabajar en la que sigue. No demores demasiado tiempo en la mesa del éxito. La única manera de disfrutar de otra comida es tener hambre.

IMPORTANTES CATEGORÍAS

Además, revisa tu lista para asegurarte de que hayas incluido metas para cada una de estas tres importante categorías:

- Primero, asegúrate de haber incluido tus metas económicas; tus metas para ingresos, ganancias y productividad.

- Segundo, asegúrate de que tu lista incluye elementos materiales que quieres: tangibles como casa, auto, barco, muebles o joyería. No les pongas la importancia equivocada a estas cosas, pero son importantes.

- Tercero, incluye metas para el desarrollo personal. Escribe tus metas para el desarrollo personal: metas para estar en mejores condiciones físicas, bajar de peso, ser más decisivo, un líder más efectivo, mejor comunicador, aprender otro idioma, etc.

Por supuesto, hay otras clases de metas que considerar: metas familiares, metas sociales, metas de estilo de vida, y similares. Esta es tarea bastante pesada, pero recuerda; si hiciste o no tu tarea se revela en el mercado así como en el salón de clase.

Una vez que hayas determinado tus metas de un año, tres años, cinco años y diez años, y después de estar seguro de que tu lista incluye metas económicas, materiales y de desarrollo personal, quiero que regreses a esta lista una vez más.

LAS DIECISEIS METAS MÁS IMPORTANTES

Ahora elige de entre las cuatro metas más importantes para realizar dentro de un año, las cuatro metas más importantes para realizar dentro de tres años, las cuatro metas más importantes para realizar dentro de cinco años y las cuatro metas más importantes para realizar dentro de 10 años. Estas 16 metas te darán bastante trabajo por ahora.

DESCRIBE CADA META

Consigue más papel, y en un párrafo breve, describe cada meta. Qué tan alta, qué tan larga, cuánto, qué tamaño, qué modelo, qué color, por ejemplo. También describe por qué es importante para ti. Este es un proceso donde o te convences a seguir adelante con dicha meta o te convences a dejarlo a un lado, lo cual es bueno. Cuando no es claro por qué algo es importante, por lo general uno solo pone la mitad de su esfuerzo en ello. Lo que quieres es un motivador poderoso, pero la razón por qué lo quieres es un motivador todavía más poderoso. Tiene gran poder de atracción.

Puede que encuentres a tu primer vistazo que algunas de tus metas que al principio considerabas importantes no son tan importantes después de todo. Haz algo de reflexionar, refinar y revisar. En este punto, procura tener aproximadamente cuatro metas de un año, tres años, cinco años y 10 años de los cuales verdaderamente estás convencido, que te inspiran, que crees en ellos. Cuando estas metas y las razones que quieres obtenerlas se han descrito claramente en un párrafo breve, transfiere esta información a un diario o cuaderno que puedes cargar contigo para referencia frecuente y fácil.

ESTABLECER METAS ES UN PROCESO CONTINUO.

Es esencial dejar a un lado algo de tiempo cada semana para repasar todas tus metas, ordenarlas, rehacerlas, reestructurarlas, para añadir metas o romper toda la lista y comenzar de nuevo. Establecer metas no es algo que solo haces una vez. Es un proceso continuo. Además, continuamente tienes que revisar tu progreso hacia tus metas. No te quieres quedar demasiado atrás o peor, perder de vista tus metas importantes.

METAS DE CORTO PLAZO

Igual de importante que tus metas a largo plazo son tus metas a corto plazo; tus metas para mañana, dentro de una semana, el próximo mes o seis meses. Estas son metas que puedes realizar dentro del siguiente año, tu futuro inmediato. Llamamos estas metas "edificadores de confianza". Cuando trabajas duro, quemas el aceite de medianoche, y logras completar las cosas pequeñas, aumenta tu confianza para tus metas a largo plazo.

METAS PARA CUMPLIR DENTRO DE UN AÑO

Parte de lo divertido de tener una lista es marcar o tachar algo en una lista una vez que lo hayas completado. Cada semana procura marcar cuando menos una de tus metas de corto plazo. Cuando marcas por terminado algo mayor, algo en tu lista de metas a largo plazo, ¡celebra! Haz que ganar sea alegre. Felicítate. Es muy importante celebrar el progreso.

Crecemos gracias a dos experiencias: la alegría de ganar y el dolor de perder. Esto también significa que hagas que perder sea doloroso. Si determinaste que ibas a hacer algo, y luego perdiste el tiempo y no lo hiciste, acepta responsabilidad por ello. Luego rodéate de personas que te puedan ayudar en esta área. No te juntes con un grupo fácil. Ve donde las expectativas son altas, donde la presión para desempeñar es alta. Es así como creces.

Estoy seguro de que parte de la razón por qué la gente pasa de largo el establecimiento de metas es porque es trabajo. Como dije, continuamente estarás revisando tus metas de corto y largo plazo, reordenándolas, redefiniéndolas, rediseñándolas, estableciendo diferentes prioridades, agregando nuevas metas, quizá eliminando otras.

Es interesante que tantas personas trabajan tan duro en sus empleos, pero no trabajan duro en sus futuros. Dejan pasar esa tarea. Algunas personas viven vidas tan mediocres que al final del día, no sabes si están ganando o perdiendo. Simplemente viven sus vidas con sus dedos cruzados.

Sé que la mayoría de las personas no hacen planes definidos, pero no te permitas ser una de ellas. Tienes que ser mejor trabajador. Tienes que ser mejor planificador, un buen establecedor de metas. Estoy seguro de que has escuchado el dicho: "Las personas que fallan en planear están planeando fallar". Es cierto; así que trabaja en tus planes. Colócate en el porcentaje más alto de los que ponen a trabajar este poder para su propio provecho.

Escribir tus metas también te demuestra a ti mismo que estás en serio, y para hacer mejor, te tienes que poner en serio. No tienes que ser lúgubre; pero sí tienes que ser serio, Oye, todo mundo tiene la esperanza de que las cosas mejorarán. Pero recuerda, el futuro no mejora por medio de la esperanza. Mejora con la planeación. Y la esperanza, sin la ayuda de planes claros, puede finalmente convertirse en enfermedad.

Una frase bíblica dice: "La esperanza frustrada aflige al corazón". [1] Es una enfermedad. Yo antes tenía una enfermedad conocida como la "esperanza pasiva". Es grave. Y hay una que es todavía peor, y se llama "esperanza alegre". Esa enfermedad de verdad es mala. Por ejemplo alguien tiene 50 años, y está en bancarrota, y sigue sonriendo. Eso es malo. Entonces ponte en serio. Haz planes, anótalos en papel. Recuerda, todas mis sugerencias provienen de experiencias exitosas comprobadas.

Hay otra frase de la Biblia que encaja aquí: "Donde no hay visión, el pueblo se extravía". [2] Es tan cierto. Los humanos tienen la habilidad singular de aspirar, soñar, lograr, llegar a ser. Sin eso, la vida no es vida. Debemos tener sueños y nunca renunciar a nuestros sueños.

Me gustaría compartir contigo algunas observaciones más que he hecho en cuanto a establecer metas. Entiende que tus metas, sean lo que sean, te están afectando durante todo el día. Tus metas afectan tu saludo de mano, tu actitud, cómo te sientes. Tus metas afectan cómo te ves, cómo te vistes, cómo caminas, cómo hablas, todo el día, cada día. Tu personalidad, conversación y actividad son todas afectadas por tus metas.

LAS METAS DEBEN SER DIVERTIDAS

Le pregunté a un hombre en una ocasión: "¿Cuáles son sus metas para este mes?"

Él dijo: —Mis metas son apenas juntar suficiente dinero como pueda para pagar estas cuentas miserables".

Esa era su meta. Entiende, no estoy diciendo que no es una meta. Pero es una meta tan pobre. Sin duda no inspira. No saltas de la cama el lunes por la mañana pensando: *Qué emoción. Otra oportunidad de salir y apenas juntar suficiente dinero para pagar estas cuentas miserables.*

El punto es que las metas deben ser divertidas. Deben ser grandes, desafiantes, gratificantes. Deben tener permiso para crecer. Aquí está una pregunta importante y debes pasar algo de tiempo considerándola antes de contestarla. *¿Qué clase de persona tendré que llegar a ser para obtener todo lo que quiero?* Anota algunos pensamientos acerca de esa pregunta y contesta. Escribe todas las habilidades que tienes que desarrollar, por ejemplo, y lo que tienes que aprender. Dedica tiempo escribiendo algunas frases acerca de la clase de persona que tiene que llegar a ser para conseguir todo lo que quieres. La respuesta a esta pregunta revelará metas personales de desarrollo personal.

¿QUÉ CLASE DE PERSONA TENDRÉ QUE LLEGAR A SER PARA OBTENER TODO LO QUE QUIERO?

Recuerda que los ingresos no exceden mucho al desarrollo personal. Todos tenemos que hacernos esta clase de autoexamen. Veo mi propia vida y pienso, Pues, esto es lo que quiero, pero estoy dispuesto a llegar a ser lo que se requiere para obtener todo lo que quiero? Si soy flojo, y no quiero aprender, leer, estudiar y crecer para llegar a ser esa clase de persona, entonces no puedo atraer lo que quiero. Ahora, o cambio mis deseos, o yo tengo que cambiar.

Aquí hay unos puntos clave más. Me gustaría compartir contigo acerca de las metas y el diseño de tu futuro.

En primer lugar, si en este momento no te sientes equipado para conseguir todo lo que quieres, recuerda que esa capacidad aumentará hasta coincidir con tus grandes sueños. Por eso es tan importante el proceso de establecer de metas del que hemos hablado. Cuanto más trabajes en ello, más ideas tendrás sobre cómo puedes cambiar, cómo puedes crecer.

No soy de ninguna manera la persona que era cuando conocí al Sr. Shoaff. Ya no soy esa persona. He cambiado. No hay nada que puedes hacer acerca del pasado, pero puedes hacer mucho acerca de tu futuro. No tienes que ser la misma persona que eras ayer. Puedes hacer cambios en tu vida, cambios absolutamente sorprendentes, en un periodo de tiempo bastante corto. Puedes hacer cambios que ni siquiera puedes concebir ahora, si te das la oportunidad. Tienes talentos que aún no has aprovechado y potencial que todavía no has alcanzado.

NO HAY NADA QUE PUEDES HACER ACERCA DEL PASADO, PERO PUEDES HACER MUCHO ACERCA DE TU FUTURO.

Y con el paso del tiempo, podrás llegar a niveles más y más profundos; hacer cosas que nunca pensaste que podrías hacer. Serás capaz de manejar cosas que nunca pensaste que podrías manejar. Tendrás ideas que nunca antes habías tenido. Todo esto lo provoca el proceso de establecer metas. Cuando sepas lo que quieres, y lo desees lo suficiente, las respuestas vendrán a ti. No puedo decirte por qué funciona. Solo sé que funciona. Date la oportunidad de llegar a ser todo lo que puedes llegar a ser y de lograr todo lo que puedes lograr.

PIDE Y RECIBE

La Biblia enseña cómo conseguir lo que quieres: pídelo. Eso es. Pedir. De todas las habilidades importantes que hay que aprender en la vida, asegúrate de incluir la habilidad de pedir. Pide lo que quieres. Y la filosofía completa es asombrosa: Pidan y recibirán, para que su alegría sea completa.[3] ¡Oye, eso vale la pena investigar!

Alguien puede decir: "Sí, pero tú no trabajas donde yo trabajo. Para cuando llego a casa, es tarde. Como algo, veo un poco de televisión y me acuesto. No puedo pasarme media noche despierto pidiendo, pidiendo, pidiendo.

Y lo has adivinado, esta persona está atrasada en el pago de sus cuentas. Aunque es un buen trabajador, trabajador duro, sincero, pero tienes que hacer algo mejor que trabajar duro y ser sincero toda tu vida. Acabarás arruinado y avergonzado. Tienes que ser mejor que un buen trabajador. También tienes que ser un buen pedidor.

PEDIR ES EL COMIENZO DE RECIBIR.

Permíteme darte algunos puntos clave acerca de pedir y recibir y establecer metas. La parte que sigue es parte de la filosofía que me ayudó a cambiar para lo mejor.

Primero, *pedir inicia el proceso de recibir*. Pedir es como presionar un botón y toda la maquinaria comienza a funcionar; la maquinaria mental y emocional. Ni siquiera sé cómo funciona; pero sé que funciona. No tenemos que saber cómo todo funciona; simplemente tenemos que hacerlo funcionar. Algunas personas siempre están estudiando las raíces. Otros recogen los frutos. Todo depende del extremo en el que quieras entrar. Así que pedir es el principio de recibir.

En segundo lugar, el problema es no pedir. No hay que trabajar para recibir. Es automático. Entonces, si recibir no es el problema, ¿cuál es el problema? No pedir. Puede que pienses, *¡ahora lo veo! Este año me he levantado todos los días y me he puesto a trabajar duro. Pero en ninguna parte de mi casa hay una lista de lo que quiero de mi vida. Buen trabajador, pobre pedidor.*

En tercer lugar, recibir no tiene límites. El éxito es ilimitado, especialmente en los Estados Unidos. El éxito no escasea, es tan vasto como el océano. No se raciona de manera que cuando te acercas a la ventana, ya no hay nada. No. Bueno, si eso es cierto, ¿cuál es el problema? El problema es que algunas personas van al océano con una cucharilla. Una cucharilla. Lo que sugiero que hagas en vista del tamaño del océano es cambiar tu cucharilla por al menos un balde. Te verás mejor en el océano con un balde, y los chicos no se burlarán de ti.

MANERAS DE PEDIR

Algo que hay que recordar en cuanto a pedir: hay dos maneras de pedir. Una es con inteligencia y la otra es con fe. Una es pedir con inteligencia. La escritura no dice pedir con inteligencia, pero estoy seguro de que quería decir eso. Pedir de forma clara y concreta. No hables entre dientes. No conseguirás nada murmurando. Sé claro. Sé específico. Pedir de forma inteligente significa incluir qué alto, qué largo, cuánto, cuándo, qué tamaño, qué modelo, qué color. Describe lo que quieres. Defínelo. Recuerda que las metas bien definidas son como imanes. Cuanto mejor las definas, más fuerte será la atracción hacia ti.

Y dales a tus metas un propósito. Responde a las dos preguntas: ¿Qué quiero? (ése es el objeto); y ¿Para qué? (ése es el propósito). El propósito es más fuerte que el objeto. Lo que quieres es poderoso, y atraerá tu meta hacia ti, pero para qué lo quieres es más poderoso.

La segunda forma de pedir es pedir con fe. La fe es la parte de ser "como niño". Significa creer que puedes conseguir lo que quieres como un niño, no como un adulto. Muchos adultos son demasiado escépticos. Han perdido esa maravillosa fe y confianza infantiles. No dejes que eso te ocurra. Cree, ten fe en ti mismo y en tus metas. Y emociónate como un niño. Nada puede superar el entusiasmo de un niño.

Los niños creen que pueden hacer cualquier cosa. Están entusiasmados. Odian irse a la cama por la noche y no pueden esperar a levantarse por la mañana. Desarrolla ese tipo de entusiasmo hacia tu vida y tus metas. Y sé curioso como un niño. Los niños pueden hacer mil preguntas. Justo cuando crees que han terminado, se les ocurren mil más. Harán que llegues a tu límite, pero en realidad es una virtud. Sé curioso. Pregunta. Así es como se aprende.

Pide. Así es cómo recibes.

NOTAS

1. Proverbios 13:12 Nueva Versión Internacional

2. Proverbios 29:18 Nueva Versión Internacional

3. Juan 16:24 Nueva Versión Internacional

11

VIVE DE MANERA SINGULAR

Uno de los aspectos más importantes de una vida verdaderamente excepcional es el cultivo de un estilo de vida. aprender a vivir de manera singular. Podrías emplear todas las estrategias del desarrollo personal y llegar a la cumbre de tu campo, pero si descuidas tu estilo de vida, te pierdes del gozo de vivir momento por momento. En este capítulo aprenderás que una persona incluso de medios modestos puede diseñar un estilo de vida único y maravilloso.

De todas las partes de nuestras vidas que queremos que funcionen bien, quizá la más importante es nuestro estilo de vida. El Sr. Shoaff me dio uno de sus conceptos más fuertes cuando dijo: "No solo aprendas a ganar dinero; aprende a vivir, y de eso se trata el estilo de vida. Aprender cómo vivir. *Uno de los grandes desafíos de la vida es estar contento con lo que tienes mientras persigues lo que quieres.* He encontrado algunas prácticas que bien valen ejercer con destreza.

"NO SOLO APRENDAS A GANAR DINERO; ¡APRENDE A VIVIR!"

Ahora considera esto. Algunas personas tienen una abundancia de cosas bonitas que llenan sus días, pero reciben poca alegría de ellas. Algunas personas tienen dinero, pero luchan para encontrar gozo en sus vidas. Imagina a una padre que hace un fajo de billetes de $USD 5 y lo avienta a su hijo y le dice: "Toma, si tanto necesitas esas cosas tontas, tómalo". La cantidad de dinero no cambia, pero el estilo es muy pobre. Y recuerda que no es la cantidad lo que cuenta, el estilo es lo que cuenta.

El Sr. Shoaff me enseñó un estilo de vida en esos primeros días, comenzando con pequeñas cantidades. Dijo: "Imagina que están lustrando tus zapatos y el lustrador está haciendo un trabajo excelente. Has quedado con uno de los mejores lustres del mundo, así que pagas por el lustrado. Ahora miras el cambio que tienes en tu mano y consideras qué clase de propina vas a dar y la siguiente pregunta aparece en tu mente: *Doy una o dos pesetas por mi excelente lustrado?*

Entonces el Sr. Shoaff dijo: "Si dos posibles cantidades para una propina vienen a tu mente, siempre da la cantidad más alta. Sé la persona de dos pesetas".

Dije: —¿Qué diferencia haría eso? ¿Una o dos pesetas?

Él dijo: —Toda la diferencia del mundo. Si solo diste una peseta, te afectará el resto de tu día. Empezarás a sentirte mal. Y sin duda alguna, ya para mediodía, mirarás al excelente lustrado de tus zapatos y pensarás: "¿Por qué fui tan baratero y solo propiné una peseta? Eso te afectará. Sin embargo, si das dos pesetas, ni te imaginas el sentimiento maravilloso que puedes comprar por solo una peseta más.

Eso es estilo de vida. Ser una persona de dos pesetas y aprender a obtener gozo de la mejor persona que estás llegando a ser.

RESULTADOS SIN PRECIO

Después de una presentación como esta acerca de ser una persona de dos pesetas en St. Louis en una ocasión, un hombre se acercó conmigo y me dijo: "Sr. Rohn, usted realmente me impactó. Voy a cambiar mi filosofía. Voy a cambiar mi actitud. Voy a cambiar mi vida; voy a cambiar todo. Usted de verdad me conmovió hoy. Usted después oirá de mí. ¡Oirá mi historia algún día!!

Dije: "Oh, claro".

Muchas personas dicen muchas cosas. Pero tal come él dijo, unos meses después cuando yo estaba en St. Louis nuevamente, presentando otro seminario, este hombre se acercó conmigo. Yo no me acordaba de su nombre, pero él dijo: "Estoy seguro de que usted se acordará de mí como el hombre que dijo: 'Voy a hacer algunos cambios. Usted me impactó hoy'.

Dije: —Sí lo recuerdo.

Él dijo: —Cosas ya me están sucediendo ... ¡en cuestión de meses! Decidí cambiar mi relación con mi familia. Mi esposa y yo tenemos dos hijas adolescentes preciosas. Padres no podrían pedir dos hijas más bellas y preciosas que nunca nos han dado problemas. Por lo general, a través de los años yo he sido el que ha dado todos los problemas.

"A mis hijas les encanta ir a conciertos de rock y yo siempre les estoy dando problemas por ello diciendo: 'No quiero que vayan. Se desvelan demasiado, la música está demasiado fuerte. Van a arruinar su audición; no van a poder oír por el resto de sus vidas'. Ellas siguen rogando y rogando y yo finalmente les digo: "Está bien; aquí está el dinero si tanto sienten que tiene que ir. Simplemente vayan'. Así era hasta después de su seminario.

"Después de salir de su seminario, decidí cambiar mi estilo de vida. No mucho tiempo después, vi un anuncio en el periódico de que uno de los artistas favoritos de mis hijas venía a nuestra ciudad. Adivine lo que hice. Fui y compré los boletos yo mismo, los traje a casa, los puse en un sobre, y cuando vi a mis hijas más tarde ese día, les entregué el sobre y les dije a mis dos hijas preciosas. "Posiblemente no creerán lo que está dentro de este sobre; pero a están dos boletos para el concierto que viene'. ¡Estaban tan emocionadas!"

"Luego les dije: 'Pero, no abran el sobre hasta que lleguen al concierto'. Dijeron: 'Está bien'. Cuando llegaron al concierto, abrieron el sobre y entregaron los boletos al ujier. Él les dijo: 'Síganme', y comenzó a caminar hacia el frente, cerca de la plataforma, en la décima fila del centro".

"Mis hijas dijeron: 'Un momento; espere. Debe haber un error'".

"Él les echó otro vistazo a los boletos y dijo: 'No, no hay ningún error. Estos son sus asientos'. Ellas no podían creer que tuvieran asientos tan buenos. Especialmente porque los únicos boletos por los cuales me habían rogado eran del tercer balcón, lejos de la plataforma.

"Pues, me quedé despierto hasta un poco más tarde esa noche. Y tal como esperaba, un poco después de la medianoche mis hijas estallaron por la puerta de enfrente. Una de ellas se acomoda en mi regazo y la otra me echa los brazos al cuello. Las dos platican acerca del concierto y me dicen: '¡Eres uno de los mejores padres del mundo que jamás ha habido!'".

Él siguió: "Sr. Rohn, usted tiene razón. No puedo creer que puedo ganar la misma cantidad de dinero, pero ser un padre diferente. Qué diferencia estoy haciendo en mi vida al simplemente elegir vivir con estilo".

Tú puedes hacer eso con tu estilo de vida también. Lo puedes hacer con tu matrimonio, tu carrera, tus relaciones, cada aspecto de tu vida. Si buscas capital sin igual, no maldigas lo único que tienes, no te quejes de lo único que tienes, que es semilla y tierra, sol, lluvia, milagros y estaciones. Más bien, empieza a cambiar, a procesar, a evaluar y a recuperar hoy mismo, y este proceso de cambio despegará para ti. No creerás lo que puede ocurrir en tan poco tiempo.

Determina desarrollar tu estilo de vida en uno que disfrutarás día por día. Escoge vivir una vida excepcional por medio de mejorar intencionalmente tu estilo de ver, dar, compartir, y disfrutar. No es la cantidad lo que cuenta, sino la experiencia de elegir vivir con estilo.

EL ARTE DE LA FELICIDAD

Recuerdo que una vez, cuando recién nos conocimos, le dije ingenuamente al Sr. Shoaff: "Si tuviera más dinero, sería feliz". Él me dio sus mejores palabras de sabiduría cuando me dijo: "Sr. Rohn, la clave de la felicidad no es más. La felicidad es un arte que hay que estudiar en la práctica. Más dinero sólo te hará ser más de lo que ya eres. Más sólo te enviará más rápidamente a tu destino".

Dijo: "Si tienes tendencia a ser infeliz, si consigues mucho dinero serás miserable. Más dinero sólo te hará más. Más dinero sólo lo amplificará. Si te inclinas a ser malo, y consigues mucho dinero, serás un terror. Si te inclinas a beber un poco de más, cuando consigas mucho dinero, ahora puedes convertirte en un borracho". Sabias palabras, sin duda.

"LA FELICIDAD ES UN ARTE QUE HAY QUE ESTUDIAR EN LA PRÁCTICA".

Así que el estilo no es más, el estilo es un arte, un genio, un diseño. Un estilo de vida agradable está reservado para aquellos que están dispuestos a estudiar y practicar las artes superiores de la vida. El estilo de vida es cultura, música, danza, arte, escultura, literatura, obras de teatro, conciertos. El estilo de vida es el gusto por lo bueno, lo mejor, los mejor, lo mejor.

Mortimer Adler, el filósofo, dijo: "Si no buscamos los gustos superiores, nos conformaremos con los más inferiores". Así que desarrolla un aprecio por lo fino; ese es un propósito digno. Desarrolla un apetito por las cosas únicas de la vida. Estudia el arte de la felicidad y alcanza lo mejor. Tener lo mejor en el tiempo que tenemos disponible, esa es la búsqueda. Recuerda que no es la cantidad, sino la imaginación.

PRACTICA Y COMPARTE LA FELICIDAD

Mi pareja y yo estábamos de viaje en Carmel. California, un día asoleado en el verano, para hacer algunas compras y exploración. Me paré en una gasolinera, y un joven, de unos 18 o 19 años me imagino, vino casi saltando al auto, con una gran sonrisa, y dijo: "¿Le puedo ayudar?"

Dije: —Sí, un tanque lleno de gas, por favor.

Bueno, no sólo llenó el tanque de gasolina, sino que revisó todos los neumáticos, lavó todas las ventanas, incluso el techo corredizo, revisó todo, y todo el tiempo que estuvo trabajando estuvo silbando y cantando. No podíamos creer todo el servicio y su evidente felicidad. El joven me trajo la cuenta y, mientras la firmaba, le dije: "Oye, realmente nos has atendido muy bien. Te lo agradezco".

Dijo: —Me gusta mucho trabajar. Es divertido para mí. Tengo la oportunidad de conocer a personas agradable como usted.

No podíamos creerlo. Este chico era algo especial. Le dije: —Mi pareja y yo vamos a Carmel y queremos tomarnos una de esas malteadas de dos dólares en camino. ¿Dónde está el Baskin Robbins más cercano?

Me dijo: —Es una gran idea. Baskin Robbins está a unas pocas cuadras. —Nos dijo dónde encontrarlo. Y añadió: —No se estacionen en frente, estaciónense a un lado para que no golpeen su auto.

¡Qué muchacho!

Así que fuimos a Baskin Robbins, nos estacionamos, entramos, revisamos el tablero de sabores y pedimos tres malteadas. Luego regresamos a la gasolinera. El joven salió corriendo al auto de nuevo y dijo: "¡Veo que consiguieron sus malteadas!".

Le dije: —Sí, y esta es para ti". —Cuando se la ofrecí por la ventanilla, no se lo podía creer.

Dijo: —¿Para mí?

Le dije: —Claro; con todo el fantástico servicio que nos diste, no podía dejarte sin una malteada.

Dijo: —Guau, nunca me ha comprado alguien una malteada.

Le dije: —Ten un buen día.

Luego subí la ventanilla y nos fuimos. Cuando miré por el espejo retrovisor, tenía la malteada en la mano, con una gran sonrisa de sorpresa en la cara.

¿Cuánto me costó? Sólo 2 dólares. Pero oye, he disfrutado y compartido el recuerdo de esa experiencia cien veces por sólo 2 dólares. Recuerda que lo que cuenta no es la cantidad, sino el estilo.

Ese mismo día, supongo que me sentía extra creativo porque cuando llegamos a Carmel, me dirigí directamente a la florería. Entramos y le dije a la florista: "Necesito una rosa roja de tallo largo para que mi dama la tenga mientras vamos de compras en Carmel".

El florista dijo: —Bueno, las vendemos por docenas.

Le dije: —No necesito una docena. Sólo necesito una.

Me dijo: —Le costará un par de dólares sólo una.

Dije: —Maravilloso. No hay nada peor que una rosa barata. —Elegí la rosa, la entregué a mi pareja y le dije: —Toma, lleva la rosa mientras paseamos por la ciudad.

Quedó impresionada y complacida. ¿Y el costo? 2 dólares, sólo 2 dólares.

Un par de horas más tarde, estábamos tomando unos refrescos y mi pareja me miró y dijo: —Jim, se me acaba de ocurrir algo.

Le dije: —¿Qué es?

Ella dijo: —Creo que soy la única dama en Carmel hoy que está cargando una rosa.

Le dije: —Probablemente sea cierto.

Por 2 dólares. ¿Te imaginas que sólo 2 dólares le dieron al joven y a mi pareja tanta alegría? Recuerda, no es la cantidad.

Estas dos ideas y un gasto total de 4 dólares para experiencias únicas y dulces recuerdos. Sólo dos modestos ejemplos de lo fácil que es poner estilo en tu vida. No te pierdas de nada que puedas disfrutar. Asegúrate de vivir tu vida con estilo.

¡VIVE TU VIDA CON ESTILO!

Aquí hay algo más qué pensar. ¿Has oído alguna vez de dónde viene la expresión "propina"? Como la de dar propina al mesero en un restaurante. El Sr. Shoaff me enseñó que comenzó como un símbolo de la frase "para asegurar la prontitud". También dijo: "Si la propina es para asegurar la prontitud, ¿cuándo hay que darla? Respuesta: por adelantado".

Le dije: —No, no funciona así. Si recibes un buen servicio, dejas una buena propina. Si te atienden mal, no dejas propina.

Dijo: —No, no, Sr. Rohn. La gente sofisticada no se arriesga a un buen servicio. Se aseguran un buen servicio dando el dinero de la propina por adelantado.

Dije:—Vaya, qué manera de vivir. Nunca había pensado en eso.

Así que la próxima vez que estés con alguien especial en el almuerzo, cuando el mesero venga a tomar tu orden, entrega una buena propina y di: "¿Podrías cuidar bien de mí y de mi amigo?"

El Sr. Shoaff dijo: "No te vas a creer lo que ocurre entonces. Casi no se mueven de la mesa; asegurándose de que tienes lo que necesitas para tener una comida agradable". Mismo dinero, diferente estilo.

VIDA Y EQUILIBRIO

Un último punto importante. La vida y el estilo son también la vida y el equilibrio. Asegúrate de prestar atención a todos los valores y dimensiones de tu vida. Uno de ellos es la familia. Si tienes a alguien a quien quieres, no hay valor que lo iguale. Una persona que quiere y se ocupa de otra persona es la vida en lo mejor de estilo y de valor. Protéjala con vehemencia. Se dijo sabiamente hace mucho tiempo, pero sigue siendo cierto para hoy: "Hay muchos tesoros, pero el mayor de ellos es el amor". Más vale vivir en una tienda de campaña en la playa y tener una aventura amorosa que vivir en una mansión solo. Pregúntame, lo sé. La familia debe cultivarse como una empresa, como un jardín, hay que dedicar tiempo y esfuerzo e imaginación, creatividad y genio constantemente para que siga floreciendo y creciendo.

Después del amor, un valor incalculable es la amistad. Los amigos son esas personas increíbles que saben todo acerca de ti y todavía te quieren. Los amigos son aquellos que entran cuando todos los demás se van. Como alguien sugirió una vez: "Asegúrate de hacer la clase de amigos en tu camino de ascenso, que te acogerán en tu camino de descenso". La vida es una mezcla de subidas y bajadas, pero con amigos de verdad, amigos que se preocupan por ti independientemente de tus circunstancias, las subidas son más automáticas y las bajadas menos devastadoras.

Tengo un amigo muy especial. Si yo estuviera encerrado en una cárcel mexicana y me acusaran indebidamente, llamaría a este amigo porque sé que vendría a sacarme. ¡Eso sí que es un amigo! También tengo amigos casuales que probablemente dirían: "Llámame cuando vuelvas de México". Supongo que todos tenemos algunos de esos amigos.

La amistad es de vital importancia para quienes buscan la buena vida. Asegúrate de que tus amistades reciben la atención y el esfuerzo que merecen. Alimentadas adecuadamente, te devolverán ese tesoro inestimable de placer y satisfacción llamado la buena vida. Recuerda que la buena vida no es una cantidad. La buena vida es una actitud, un acto, una idea, un descubrimiento, una búsqueda.

La buena vida proviene de un estilo de vida que se desarrolla plenamente, independientemente de tu cuenta bancaria. La buena vida te proporciona una sensación constante de alegría y de vida y alimenta el fuego del compromiso con todas las disciplinas y fundamentos que hacen que la vida merezca la pena.

¿Qué es la riqueza sin carácter, la industria sin arte, la cantidad sin calidad, el emprendimiento sin satisfacción, las posesiones sin alegría? Llega a ser en una persona de cultura para añadir a toda la cultura, pues ciertamente somos un producto de todos los valores de nuestra comunidad y país.

Llega a ser la persona de sustancia inusual que aporta una medida añadida de genio al conjunto para que nuestros hijos y los hijos de muchos sean los beneficiarios del tesoro.

12

DÍAS DE CAMBIO

Ahora que has quedado expuesto a las estrategias para la riqueza y felicidad que te conducen a la vida verdaderamente excepcional, solo necesitas decidir qué día vas a iniciar la búsqueda. ¿La iniciarás hoy, mañana, la próxima semana, el próximo año? Tú eliges. Las ideas están esperando el día cuando tu inversión de emoción les dará vida. Ese es el día que darás un giro, un cambio total a tu vida.

EL MANEJO DE LOS NEGATIVOS Y POSITIVOS

NEGATIVOS

Mi último tema consta de dos partes. La primera parte es negativa, y tengo un par de consejos para ti al respecto. No habría positivo sin negativo; es parte del panorama de la vida. De hecho, una antigua escritura lo dice mejor: "Todo tiene su tiempo ... un tiempo de llorar y tiempo de reír".[1] Tienes que llegar a ser tan sofisticado y tan bien educado que no te ríes cuando es tiempo de llorar, y también tienes que aprender a llorar bien. ¿Cómo te vas a identificar con las personas si no lloras con ellos?

Es muy importante. El lado negativo de pensar es importante. En ese aspecto, les enseño a los chicos la filosofía de la hormiga. Un relato breve de la filosofía de la hormiga sigue. Número uno, las hormigas nunca desisten, que es una buena filosofía. Si van en camino a alguna parte, y algo les estorba, ¿adivinan qué? Buscan otro camino? ¿Por cuánto tiempo buscan? Hasta que lo encuentren o se mueran. Qué filosofía más excelente. Número dos, las hormigas piensan en el invierno durante todo el verano. Tenemos que ser tan inteligentes también. Tenemos que pensar algo en el invierno durante el verano aunque el cielo sea azul y el sol esté brillando. Otra antigua historia nos dice que edifiquemos una casa sobre una roca, no arena, durante la etapa de lluvias". [2] ¿Por qué se nos advierte que no construyamos nuestra casa sobre la arena? Porque las lluvias la arrastrarán.

Tienes que aprender cómo manejar los negativos; no puedes meramente descartarlos, son parte de la vida. No ignores lo negativo; aprende a dominarlo. Dominar la negatividad te equipa mejor para avanzar, siempre encontrando una manera de esquivarla. Enfrentar la negatividad te hace consciente de situaciones y problemas, procrastinación, o mala salud que posiblemente se haya introducido para robarte de tu fortuna. Tienes que hacer guerra con los enemigos en el exterior e interior, así que aprende a manejar lo negativo.

POSITIVOS

Para explicar los positivos, te revelo el día en que tu vida da un giro. Este día consiste en cuatro partes.

La primera es la repugnancia. La repugnancia es una emoción negativa, pero puede tener un efecto muy positivo y poderoso. La repugnancia dice: "¡Ya estoy harto! Ya basta". Qué importante puede ser ese día. Por ejemplo, una empresa me invitó a ir a sus oficinas en Nueva York y conocí a una mujer extraordinaria que era vicepresidenta. Le pregunté: "¿Cómo ha llegado a este nivel, a ser una poderosa ejecutiva con fuertes ingresos?".

Ella dijo: "Bueno, permítame contarle parte del escenario. Cuando era una madre joven, un día le pedí a mi marido diez dólares, y él me preguntó: '¿Para qué? Antes de que terminara ese día, decidí que nunca más pediría dinero. Empecé a estudiar la oportunidad, la encontré, tomé las clases, pagué para ir a las escuelas, hice el trabajo, y ahora soy vicepresidenta y gano mucho dinero".

Y luego dijo: "Cumplí mi promesa. Nunca más he tenido que pedir dinero".

Esto se llama un día que cambia la vida, el día en que dices ya basta.

Si puedes añadir un acto a tu repugnancia, eso ayuda. Por ejemplo, un hombre tomó una escopeta y atacó su propio auto; destrozó todas las ventanas, destruyó todas las llantas, le puso cien balas y dijo: "He conducido esta cosa vergonzosa por última vez". Y luego se quedó con él. Más tarde, cuando alguien le pregunta: "¿Cómo te hiciste rico y poderoso?" Él dice: "Déjenme mostrarles este auto. Un día, me harté y me sentí tanta repugnado que lo hice volar en pedazos".

Ya basta es una poderosa motivación.

DECISIONES, DESEOS, RESOLUCIÓN

Tomar *decisiones* crea días que cambian la vida. En los próximos días, te desafío a que hagas una lista de todas las decisiones que necesitas tomar pero que has estado posponiendo. Luego tómate los próximos días para tomar todas esas decisiones postergadas. Haber sido decisivo y haber resuelto todas esas cuestiones será suficiente inspiración para darte el incentivo de vivir una vida excepcional durante muchos años. Ese es un día que cambiará tu vida: el día en que te atrevas a decidir.

El *deseo* es querer algo lo suficiente como para ir a buscarlo. ¿Quién puede descifrar el misterio de eso? Nadie. Pero hay algo que sí sé, a veces el deseo espera un detonante, espera que ocurra algo. Quién sabe cuál puede ser el detonante: música, la letra de una canción, una película, un diálogo, un seminario, un sermón, un libro, una experiencia, la confrontación con un enemigo, una conversación con un amigo que por fin te dice las cosas tal como son. Sea cual sea la experiencia, es valiosa. Así que mi mejor consejo es acoger todas las experiencias. Nunca se sabe cuál va a poner todo en marcha. No levantes los muros: el mismo muro que impide el paso a la decepción también impide el paso a la felicidad. Derribe los muros, ve por la experiencia, permite que cada una te enseñe.

La *resolución* dice "lo haré", las cuales son dos de las palabras más poderosas en cualquier idioma. Benjamín Disraeli, quien fue primer ministro del Reino Unido en dos ocasiones, dijo: "He llegado, tras una larga meditación, a la convicción de que un ser humano con un propósito establecido debe llevarlo a cabo, y que nada puede resistirse a una voluntad que arriesga incluso la existencia con tal de cumplirlo".[3] En pocas palabras, lo haré o moriré. La mejor definición de resolución es la que me dio una chica de secundaria cuando estuve en Foster City, California. Pregunté a los chicos: "¿Quién puede decirme qué significa resolución?". Algunos no lo sabían, otros lo intentaron. Una joven estudiante de unas tres filas atrás dijo: "Creo que sé, Sr. Rohn. Creo que resolución significa prometerte a ti mismo que nunca te rendirás". Le dije: "Esa es la mejor definición que he escuchado". Es probable que hoy ella esté dando excelentes seminarios en algún lugar.

Te insto a que tengas resolución cuando se trata de llegar a ser la persona que estás destinada a ser. Prométete a ti mismo que leerás los libros que mejorarán tus habilidades. Prométete a ti mismo que asistirás a seminarios hasta que lo entiendas y escuches hasta que tenga sentido. Permanecerás hasta que entiendas el concepto; practicarás hasta que desarrolles la habilidad. Nunca te rendirás, no importa el tiempo que pase. Paso a paso, pieza a pieza, libro a libro, palabra a palabra, manzana a manzana, cada paseo diario alrededor de la cuadra: ve por ello. No pierdas la oportunidad de crecer. Resuelve que pagarás el precio hasta que aprendas a cambiar, a crecer, a llegar a ser. Cuando pagas el precio, descubres algunos de los mejores tesoros de la vida.

HABLA CON LA GENTE

Mi última palabra para ti viene en dos partes: 1) ayuda a las personas con sus vidas; y 2) trabaja en tus dones.

Uno, aprende a ayudar a las personas con sus vidas, no sólo con sus trabajos, no sólo con sus habilidades en el trabajo. Conmueve a la personas con un libro, un poema, unas palabras de consuelo, conmueve a las personas escuchando. No dejes de decir algo que pueda ser significativo. Ayuda a la persona a fijar sus metas, a alcanzar sus sueños, a planear el futuro, a corregir errores. Ayuda a tus hijos a llevarse bien; ayuda a los chicos en su vida, no sólo con sus tareas. Ayuda a tu cónyuge con un problema por medio de escuchar; escuchar de verdad. Ayuda a forjar vidas a través de una comunicación significativa y útil.

Dos, trabaja en tus dones. Yo soy probablemente uno de los mejores ejemplos de esto porque creo en lo que dice la antigua escritura: "La dádiva [los dones] del hombre le abre camino".[4] Identificar, perfeccionar y luego utilizar tus dones te hará crecer, prosperar y avanzar hacia el logro de tus objetivos. Tus dones no sólo mejorarán tu vida, sino que también serás valioso para los demás.

CUATRO PREGUNTAS

Ahora, al concluir, te pido que consideres las siguientes cuatro preguntas. Las llamo preguntas que ponderar.

1. ¿Por qué?

2. ¿Por qué no?

3. ¿Por qué no tú?

4. ¿Por qué no ahora?

La primera pregunta es *¿por qué?* Los niños suelen preguntar *por qué*. Es una buena pregunta. Pregúntate: *¿Por qué levantarme tan temprano? ¿Por qué trabajar tanto? ¿Por qué leer tantos libros? ¿Por qué hacer amigos? ¿Por qué ir tan lejos, por qué ganar tanto, por qué dar tanto, por qué someterme a todas esas disciplinas?* Por qué, es una excelente pregunta.

La mejor respuesta que conozco a la pregunta *por qué*, es la segunda pregunta que hay que reflexionar: *¿Por qué no?* ¿Qué otra cosa vas a hacer con tu vida? ¿Por qué no ver hasta dónde puedes llegar, cuánto puedes ganar, o leer, o compartir? ¿Por qué no ver qué puedes llegar a ser o hasta dónde puedes llegar? ¿Por qué no? Tienes que quedarte aquí hasta que te vayas, así que, ¿por qué no?

La tercera pregunta va un poco más lejos: *¿Por qué no tú?* Algunas personas han hecho las cosas más increíbles con un comienzo limitado, ¿por qué no tú? Algunas personas lo hacen tan bien que logran alcanzarlo todo, ¿por qué no tú? ¿Por qué no tú … quien ve cómo se levanta la niebla matinal sobre las montañas de Escocia, quien se empapa de la historia en Londres o explora los misterios de España? ¿Por qué no tú quien almuerza en uno de esos pequeños cafés de París? No hay nada como un paseo por el Palacio de Versalles. Algún día, tienes que contemplar directamente la Mona Lisa.

¿Por qué no tú quien se pasea en un gran barco en el Caribe? Dos semanas allí y pierdes todas tus preocupaciones. Puedo enseñarte dónde encontrar las conchas marinas más exquisitas de Australia; sé dónde están, ¿por qué no tú? ¿Por qué no vas de compras por la Quinta Avenida de Nueva York, te alojas en el Waldorf o te comes una rebanada de ganso asado con un poco de strudel de manzana en Lüchow's? Detente y disfruta de una puesta de sol en Arizona, da un tranquilo paseo por la playa con esa increíble sensación, sabiendo que estás disfrutando del resultado de un esfuerzo disciplinado. ¿Por qué no tú, con una conciencia poco común del latido de la vida? ¿Por qué no tú?

La última pregunta es la clave de la acción: *¿Por qué no ahora?* ¿Por qué posponer más tu futuro mejor? Ponte manos a la obra hoy mismo, lee unos cuantos libros nuevos, haz un nuevo plan, establece una nueva meta. Hazte nuevas preguntas, toma una nueva decisión, haz un nuevo esfuerzo, y hazlo todo ahora.

CON LA AYUDA DE DIOS

Otra cosa es pedir la ayuda de Dios, lo que puede sonar un poco extraño porque este no es un libro religioso. Mi palabra personal sería que los humanos son singulares, pero a todos nos viene bien un poco de ayuda extra. Por supuesto, es una calle de doble sentido. Dios hará su parte, si nosotros hacemos la nuestra.

En todo este libro nos hemos enfocado en nuestra parte; veamos ahora la parte de Dios. Se cuenta la historia de un hombre que tomó un montón de rocas y en dos años lo convirtió en un fabuloso jardín. La gente venía de todas partes para verlo. Un día un hombre vino y vio el jardín y pensó que era fabuloso, pero quería asegurarse de que el jardinero no se llevara todo el crédito. Tenía el profundo sentimiento de que mucha gente deja a Dios fuera de los escenarios de la vida.

Así que el hombre recorrió el jardín; y cuando se encontró con el jardinero, el hombre le estrechó la mano y le dijo: "Señor jardinero, usted y el buen Dios juntos han hecho este hermoso jardín". El jardinero entendió su mensaje y su punto de vista, así que dijo: "Creo que eso es cierto. Si no fuera por el sol y la lluvia, y el milagro de la semilla y la tierra y las estaciones, no habría ningún jardín". Luego dijo: "Pero sabes, deberías haber visto este lugar hace un par de años cuando solo Dios lo tenía".

Creo que eso es cierto. Tenemos un papel importante en el desafío de hacer todo lo que podamos con todo lo que tenemos.

Hemos llegado al final de nuestro banquete juntos, un banquete de ideas que puede, si digerimos las ideas, satisfacer nuestro apetito de toda la vida tanto de riqueza como de felicidad. Ahora que nos hemos dado un banquete con la parte filosófica, la parte teórica de los fundamentos, permíteme animarte a participar en lo que siempre debe seguir a cualquier banquete: la actividad, el ejercicio y el esfuerzo. En este caso, la aplicación activa e intensa de todo lo que has aprendido y hemos compartido juntos. Quiero hacer un llamado ahora mismo para que te pongas a trabajar.

APELACIÓN

* Te apelo a que revises tus asociaciones con las personas que te rodean.

* Te apelo a que establezcas tus metas, que comiences en tu objetivo de desarrollarte personalmente.

* Te apelo a que te embarques en una travesía que te lleve a tu propia independencia financiera por medio de un plan bien definido.

* Te apelo a que disfrutes de tu vida, mientras buscas mejorarla.

* Te hago mi fuerte apelación para que busques el conocimiento, para que tu valor para ti mismo y para los demás aumente.

Trabaja en todas estas áreas, pero en todo sentido, trabaja. Siempre es más fácil pensar que hacer. Es más fácil prometer que lograr. Es más fácil pretender que producir. Es más fácil planear que actuar. Pero pensar y hacer, prometer y lograr, producir, planear y actuar te conducirá a vivir una vida excepcional.

No te pido que hagas lo fácil, sino que hagas lo que de verdad te traerá los logros que buscas. Empieza a trabajar hoy en los fundamentos y comprométete contigo mismo. Los resultados bien valdrán la pena, te prometo.

Este es tu autor dándote mi apelación final: ¡ve y haz algo extraordinario!

NOTAS

1. Ecclesiastes 3:1-8 Reina Valera 1960

2. Vea Mateo 7:24-27 Reina Valera 1960

3. Benjamin Disraeli, "Thoughts on the Business of Life," *ForbesQuotes*; https://www.forbes.com/quotes/1044/; accedido el 21 de octubre, 2021.

4. Vea Proverbios 18:16 La Biblia de las Américas

ACERCA DEL AUTOR

Durante más de 40 años, Jim Rohn perfeccionó su arte, ayudando así a personas de todo el mundo a esculpir estrategias de vida que expandieran su imaginación en cuanto a lo que es posible. Los que tuvieron el privilegio de escucharle hablar pueden dar fe de la elegancia y el sentido común de su material. No es una coincidencia, entonces, que siga siendo reconocido como uno de los pensadores más influyentes de nuestro tiempo y considerado por muchos como un tesoro nacional. Fue autor de innumerables libros y programas de audio y video y ayudó a motivar y dar forma a toda una generación de asesores de desarrollo personal y a cientos de ejecutivos de las principales empresas de los Estados Unidos.

Jim Rohn compartió su mensaje con más de 6.000 audiencias y más de cinco millones de personas en todo el mundo. Recibió numerosos premios de la industria, entre ellos el codiciado Premio CPAE de la Asociación Nacional de Oradores y el Premio Maestro de la Influencia. Las filosofías y la influencia de Jim siguen teniendo un impacto mundial.

Jim se enfocó en los fundamentos del comportamiento humano que más afectan al desempeño personal y empresarial. Su estándar es el que se usa para comparar a quienes buscan enseñar e inspirar a los otros. Poseía la capacidad única de aportar perspectivas extraordinarias a los principios y acontecimientos ordinarios, y la combinación de su sustancia y su estilo sigue capturando la imaginación de quienes escuchan o leen sus palabras.